卞尺丹几乙し丹卞と

Translated Language Learning

Y Pysgotwr a'i Enaid

The Fisherman and his Soul

- Oscar Wilde

Cymraeg / English

Copyright © 2023 Tranzlaty
All rights reserved.
Published by Tranzlaty
ISBN: 978-1-83566-047-8
Original text by Oscar Wilde
The Fisherman and his Soul
First published in English in 1891
www.tranzlaty.com

Y Forforwyn
The Mermaid

Bob nos roedd y pysgotwr ifanc yn mynd allan i'r môr
Every evening the young Fisherman went out to sea
a thaflodd y pysgotwr ifanc ei rwydi i'r dŵr
and the young Fisherman threw his nets into the water
Pan chwythodd y gwynt o'r tir, ni ddaliodd ddim
When the wind blew from the land he caught nothing
Neu fe ddaliodd ychydig bysgod ar y gorau
or he caught just a few fish at best
oherwydd ei fod yn wynt chwerw ac asgell ddu
because it was a bitter and black-winged wind
Cododd tonnau garw i gwrdd â'r gwynt o'r tir
rough waves rose up to meet the wind from the land
Ond ar adegau eraill chwythodd y gwynt i'r lan
But at other times the wind blew to the shore
Ac yna daeth y pysgod i mewn o'r dyfnder
and then the fishes came in from the deep
Mae'r pysgod yn nofio i mewn i rwymau ei rwydi
the fishes swam into the meshes of his nets
Aeth â'r pysgod i'r farchnad
and he took the fish to the market-place
a gwerthodd yr holl bysgod yr oedd wedi eu dal
and he sold all the fishes that he had caught

Ond roedd un noson arbennig
but there was one special evening
roedd rhwyd y pysgotwr yn drymach na'r arfer
the Fisherman's net was heavier than normal
Prin y gallai dynnu ei rwyd i'r cwch
he could hardly pull his net onto the boat
Roedd y pysgotwr yn chwerthin iddo'i hun
The Fisherman laughed to himself
"Yn sicr, rwyf wedi dal yr holl bysgod sy'n nofio"
"Surely, I have caught all the fish that swim"

"Neu yr wyf wedi baglu rhyw anghenfil ofnadwy"
"or I have snared some horrible monster"
"anghenfil a fydd yn rhyfeddod i ddynion"
"a monster that will be a marvel to men"
"Neu fe fydd yn beth o arswyd"
"or it will be a thing of horror"
"Bwystfil y bydd y Frenhines fawr yn ei ddymuno"
"a beast that the great Queen will desire"
Gyda'i holl nerth fe dynnodd wrth y rhaffau bras
With all his strength he tugged at the coarse ropes
tynnodd nes i'r gwythiennau hir godi ar ei freichiau
he pulled until the long veins rose up on his arms
fel llinellau o enamel glas rownd fase o efydd
like lines of blue enamel round a vase of bronze
Roedd yn tyngu wrth raffau tenau ei rwydi
He tugged at the thin ropes of his nets
Ac o'r diwedd cododd y rhwyd i ben y dŵr
and at last the net rose to the top of the water
Ond nid oedd pysgodyn yn ei rhwyd
But there were no fish in his net
Nid oedd anghenfil na pheth arswyd
nor was there a monster or thing of horror
Dim ond ychydig o fôr-forwyn oedd
there was only a little Mermaid
Roedd hi'n cysgu'n gyflym yn ei rhwyd
she was lying fast asleep in his net
Roedd ei gwallt fel ffoil gwlyb o aur
Her hair was like a wet foil of gold
fel fflochiau aur mewn gwydraid o ddŵr
like golden flakes in a glass of water
Roedd ei chorff bach fel ifori gwyn
Her little body was as white ivory
a'i chynffon wedi ei gwneud o arian a pherlog
and her tail was made of silver and pearl
a chwyn gwyrdd y môr yn torchu rownd ei chynffon
and the green weeds of the sea coiled round her tail

ac fel cregyn môr oedd ei chlustiau
and like sea-shells were her ears
a'i gwefusau oedd fel sea-coral
and her lips were like sea-coral
Torrodd y tonnau oer dros ei bronnau oer
The cold waves dashed over her cold breasts
a'r halen yn gwrando ar ei amrannau
and the salt glistened upon her eyelids
Roedd hi mor brydferth nes ei fod yn llawn rhyfeddod
She was so beautiful that the he was filled with wonder
tynnodd y rhwyd yn agosach at y cwch
he pulled the net closer to the boat
Pwyso dros yr ochr, efe a'i cofleidiodd yn ei breichiau
leaning over the side, he clasped her in his arms
Deffrodd hi, ac edrychodd arno mewn dychryn
She woke, and looked at him in terror
Pan gyffyrddodd â hi rhoddodd gri
When he touched her she gave a cry
Roedd hi'n crio fel gwylan fôr syfrdanol
she cried out like a startled sea-gull
Edrychodd arno gyda'i llygaid mympwyol-amethyst
she looked at him with her mauve-amethyst eyes
ac roedd hi'n cael trafferth er mwyn iddi ddianc rhag
and she struggled so that she might escape
Ond daliodd hi'n dynn iddo
But he held her tightly to him
ac ni chaniataodd iddi fyned ymaith
and he did not allow her to depart
Roedd hi'n wylo pan welodd nad oedd hi'n gallu dianc
She wept when she saw she couldn't escape
"Rwy'n erfyn i chi, gadewch i mi fynd"
"I pray thee, let me go"
"Fi ydy unig ferch brenin"
"I am the only daughter of a King"
"Os gwelwch yn dda, mae fy nhad yn hen ac yn unig"
"please, my father is aged and alone"

Ond ni fyddai'r pysgotwr ifanc yn gadael iddi fynd
But the young Fisherman would not let her go
Ni fyddaf yn gadael i chi fynd oni bai eich bod yn gwneud addewid i mi. "
"I will not let thee go unless you make me a promise"
"Pryd bynnag y galwaf arnat, fe ddoi di a chanu i mi."
"whenever I call thee thou wilt come and sing to me"
"Oherwydd bod eich cân yn ymhyfrydu'r pysgod"
"because your song delights the fishes"
"maen nhw'n dod i wrando ar gân y môr-werin"
"they come to listen to the song of the Sea-folk"
"Ac yna bydd fy rhwydi yn llawn"
"and then my nets shall be full"
Gwelodd y môr-forwyn fach nad oedd ganddi unrhyw ddewis
the little mermaid saw that she had no choice
"A fyddech chi wir yn gadael i mi fynd os byddaf yn addo hyn?"
"Would thou truly let me go if I promise this?"
"Yn wir, fe'th ollyngaf," meddai
"In very truth I will let thee go," he premised
Felly gwnaeth yr addewid a ddymunai
So she made him the promise he desired
a thyngodd ei wneud trwy lw y môr-werin
and she swore to do it by the oath of the Sea-folk
y pysgotwr ifanc rhyddhau ei freichiau oddi wrth y môr-forwyn
the young Fisherman loosened his arms from the mermaid
Suddodd y môr-forwyn fach yn ôl i lawr i'r dŵr
the little mermaid sank back down into the water
ac mae hi'n crynu gydag ofn rhyfedd
and she trembled with a strange kind of fear

Bob nos roedd y pysgotwr ifanc yn mynd allan ar y môr
Every evening the young Fisherman went out upon the sea
a phob nos roedd yn galw allan i'r môr-forwyn

and every evening he called out to the mermaid
Cododd y môr-forwyn allan o'r dŵr a chanu iddo
the mermaid rose out of the water and sang to him
Rownd a rownd ei swyn y dolffiniaid
Round and round her swam the dolphins
a'r gwylanod gwyllt yn hedfan uwch ei phen
and the wild gulls flew above her head
roedd hi'n canu cân ryfeddol o werin-gwerin y môr
she sang a marvellous song of the Sea-folk
mermen sy'n gyrru eu heidiau o ogof i ogof
mermen who drive their flocks from cave to cave
mermen sy'n cario'r lloi bach ar eu hysgwyddau
mermen who carry the little calves on their shoulders
roedd hi'n canu am y Tritons sydd â barfau gwyrdd hir
she sang of the Tritons who have long green beards
ac roedd hi'n canu o frest blewog y Triton
and she sang of the Triton's hairy chests
maent yn chwythu trwy conchs troellog pan fydd y Brenin yn pasio
they blow through twisted conchs when the King passes
canodd o balas y brenin
she sang of the palace of the King
y palas sydd wedi'i wneud yn gyfan gwbl o ambr
the palace which is made entirely of amber
Mae gan y palas do o emrallt clir
the palace has a roof of clear emerald
ac mae ganddo balmant o berlau llachar
and it has a pavement of bright pearl
a hi a ganodd am erddi'r môr
and she sang of the gardens of the sea
gerddi lle mae ffans mawr o don cwrel drwy'r dydd o hyd
gardens where great fans of coral wave all day long
a physgod yn dartio fel adar arian
and fish dart about like silver birds
a'r anemones yn glynu wrth y creigiau
and the anemones cling to the rocks

Roedd hi'n canu am y morfilod mawr sy'n dod o'r gogledd
She sang of the big whales that come from the north
Mae ganddynt ignewyllau miniog yn hongian o'u esgyll
they have sharp icicles hanging from their fins
canodd am y Sirens sy'n sôn am bethau rhyfeddol
she sang of the Sirens who tell of wonderful things
mor wych bod masnachwyr yn blocio eu clustiau gyda chwyr
so wonderful that merchants block their ears with wax
maent yn blocio eu clustiau fel na allant wrando arnynt
they block their ears so that they can not hear them
oherwydd pe baent yn eu clywed byddent yn neidio i'r dŵr
because if they heard them they would leap into the water
a byddent yn cael eu boddi yn y môr
and they would be drowned in the sea
Canodd am y galïau suddedig gyda'u mastiau tal
she sang of the sunken galleys with their tall masts
canodd am y morwyr rhewedig yn glynu wrth y rigio
she sang of the frozen sailors clinging to the rigging
Canodd y mecryll yn nofio trwy longddrylliadau
she sang the mackerel swimming through shipwrecks
Roedd hi'n canu am y cregyn bach yn teithio'r byd
she sang of the little barnacles travelling the world
y barnaclau yn glynu wrth geiliau'r llongau
the barnacles cling to the keels of the ships
a'r llongau yn mynd rownd ac o amgylch y byd
and the ships go round and round the world
ac roedd hi'n canu am y pysgod cyllyll yn ochrau'r clogwyni
and she sang of the cuttlefish in the sides of the cliffs
ac maen nhw'n ymestyn eu breichiau du hir
and they stretch out their long black arms
Gallant wneud i'r nos ddod pan fyddant yn
they can make night come when they will it
Roedd hi'n canu am y nautilus, sydd â chwch ei hun
She sang of the nautilus, who has a boat of her own
cwch sydd wedi'i gerfio allan o opal

a boat that is carved out of an opal
ac mae'r cwch yn cael ei lywio gyda hwylio sidanaidd
and the boat is steered with a silken sail
roedd hi'n canu am y Mermen hapus sy'n chwarae ar delynau
she sang of the happy Mermen who play upon harps
gallant swyn y Kraken mawr i gysgu
they can charm the great Kraken to sleep
Roedd hi'n canu am y plant bach yn marchogaeth y llamhidyddion
she sang of the little children riding the porpoises
Mae'r plant bach yn chwerthin wrth i'r reid y llamhidyddion
the little children laugh as the ride the porpoises
roedd hi'n canu am y Môr-forynion sy'n gorwedd yn yr ewyn gwyn
she sang of the Mermaids who lie in the white foam
ac maent yn dal eu breichiau i'r morwyr
and they hold out their arms to the mariners
Roedd hi'n canu am y morlewod gyda'u tusks crwm
she sang of the sea-lions with their curved tusks
A hi a ganodd am feirch y môr, a'u manau arnofiol hwynt.
and she sang of the sea-horses with their floating manes
Pan ganodd hi, daeth y pysgod o'r môr
When she sang the fishes came from the sea
Daeth y pysgod i wrando arni
the fish came to listen to her
taflodd y Pysgotwr ifanc ei rwydi o'u hamgylch
the young Fisherman threw his nets round them
daliodd gymaint o bysgod ag yr oedd ei angen
and he caught as many fish as he needed

pan oedd ei gwch yn llawn suddodd y Mermaid yn ôl i lawr
when his boat was full the Mermaid sunk back down
Aeth yn ôl i lawr i'r môr yn gwenu arno
she went back down into the sea smiling at him
Doedd hi byth yn ddigon agos iddo gyffwrdd â hi

She never got close enough for him to touch her
Yn aml roedd yn galw at y môr-forwyn fach
Often times he called to the little mermaid
Ac erfyniodd arni i ddod yn agosach ato
and he begged to her to come closer to him
Ond ni feiddiodd ddod yn agosach ato
but she dared not come closer to him
Pan geisiodd ei dal fe blymiodd i'r dŵr
when he tried to catch her she dived into the water
Yn union fel pan fydd morlo yn plymio i'r môr
just like when a seal dives into the sea
Ni chafodd ei gweld hi eto'r diwrnod hwnnw
and he wouldn't see her again that day

Bob dydd daeth ei llais yn fwy melyn i'w glustiau
each day her voice became sweeter to his ears
Ei llais mor felys nes iddo anghofio ei rwydi
Her voice so sweet that he forgot his nets
ac anghofiodd ei gyfrwys a'i grefft
and he forgot his cunning and his craft
Aeth y tiwna heibio iddo mewn sillafau mawr
The tuna went past him in large shoals
Ond ni roddodd unrhyw sylw iddynt
but he didn't pay any attention to them
Roedd ei waywffon yn gorwedd wrth ei ochr, heb ei ddefnyddio
His spear lay by his side, unused
a'i basgedi o osier wedi eu plaited yn wag
and his baskets of plaited osier were empty
Gyda'r gwefusau wedi'u rhannu, eisteddodd yn segur yn ei gwch
With lips parted, he sat idle in his boat
Gwrandawodd ar ganeuon y môr-forwyn
he listened to the songs of the mermaid
a'i lygaid yn pylu â rhyfeddod
and his eyes were dim with wonder

- 8 -

Roedd yn gwrando nes i'r môr-niwl ymgasglu o'i gwmpas.
he listened till the sea-mists crept round him
Roedd y lleuad crwydro yn staenio ei goesau brown gydag arian
the wandering moon stained his brown limbs with silver

Un noson galwodd at y môr-forwyn
One evening he called to the mermaid
'Little Mermaid, I love thee', proffeswyd
"Little Mermaid, I love thee," he professed
"Cymer fi am dy briodas oherwydd yr wyf yn dy garu di."
"Take me for thy bridegroom, for I love thee"
Ond ysgydwodd y môr-forwyn ei phen
But the mermaid shook her head
'Y mae gennych enaid dynol,' atebodd
"Thou hast a human Soul," she answered
Pe byddech ond yn anfon eich enaid i ffwrdd. "
"If only thou would send away thy Soul"
Pe bai dy enaid wedi anfon dy enaid i ffwrdd, gallwn dy garu di."
"if thy sent thy Soul away I could love thee"
A dywedodd y pysgotwr ifanc wrtho'i hun
And the young Fisherman said to himself
"Pa ddefnydd sydd i'm henaid i?"
"of what use is my Soul to me?"
'Alla i ddim gweld fy enaid'
"I cannot see my Soul"
"Alla i ddim cyffwrdd fy enaid"
"I cannot touch my Soul"
"Nid wyf yn adnabod fy enaid"
"I do not know my Soul"
"Bydda i'n anfon fy enaid oddi arna i"
"I will send my Soul away from me"
"A bydd llawenydd mawr i mi"
"and much gladness shall be mine"
A gwaedd o lawenydd a dorrodd o'i wefusau

And a cry of joy broke from his lips
gafaelodd yn ei freichiau i'r Mermaid
he held out his arms to the Mermaid
'Bydda i'n anfon fy enaid i ffwrdd,' gwaeddodd
"I will send my Soul away," he cried
"Byddwch yn fy briodferch, a byddaf yn eich priodfab."
"you shall be my bride, and I will be thy bridegroom"
"Yn nyfnder y môr fe fyddwn ni'n cyd-fyw"
"in the depth of the sea we will dwell together"
"Bydd popeth rwyt ti wedi ei ganu ohonot ti yn dangos i mi."
"all that thou hast sung of thou shalt show me"
"A'r hyn oll a ddymunech a wnaf i chwi."
"and all that thou desirest I will do for you"
"Fydd ein bywydau ni ddim yn cael eu rhannu ddim mwy"
"our lives will not be divided no longer"
y Mermaid bach chwerthin, yn llawn llawenydd
the little Mermaid laughed, full of delight
a chuddiodd ei hwyneb yn ei dwylo
and she hid her face in her hands
ond nid oedd y pysgotwr yn gwybod sut i anfon ei enaid i ffwrdd
but the Fisherman didn't know how to send his Soul away
"Sut yr anfonaf fy enaid oddi wrthyf?"
"how shall I send my Soul from me?"
'Dywedwch wrthyf sut y gallaf ei wneud'
"Tell me how I can do it"
"Dywedwch wrthyf sut a sut y bydd yn cael ei wneud"
"tell me how and it shall be done"
"Alas! "Dw i ddim yn gwybod," meddai'r Mermaid bach
"Alas! I know not" said the little Mermaid
'Does gan y môr-werin ddim eneidiau'
"the Sea-folk have no Souls"
A hi a syrthiodd i'r môr
And she sank down into the sea
ac edrychodd i fyny arno'n drist
and she looked up at him wistfully

Yr Offeiriad
The Priest

Yn gynnar yn y bore wedyn
Early on the next morning
cyn i'r haul fod uwchben y bryniau
before the sun was above the hills
aeth y pysgotwr ifanc i dŷ'r offeiriad
the young Fisherman went to the house of the Priest
efe a gurodd dair gwaith wrth ddrws yr offeiriad
he knocked three times at the Priest's door
Edrychodd yr offeiriad allan drwy'r drws
The Priest looked out through the door
Pan welodd pwy ydoedd, tynnodd yn ôl y clic
when he saw who it was he drew back the latch
a chroesawodd y pysgotwr ifanc i'w dŷ
and he welcomed the young Fisherman into his house
Plygodd i lawr ar frwyni arogl melys y llawr
he knelt down on the sweet-smelling rushes of the floor
Ac efe a lefodd ar yr offeiriad, "Dad"
and he cried to the Priest, "Father"
"Rwyf mewn cariad ag un o'r môr-werin"
"I am in love with one of the Sea-folk"
"ac mae fy enaid yn fy rhwystro rhag cael fy newis."
"and my Soul hindereth me from having my desire"
"Dywedwch wrthyf, sut y gallaf anfon fy enaid oddi wrthyf?"
"Tell me, how I can send my Soul away from me?"
"Nid oes gwir angen arnaf"
"I truly have no need of it"
"Pa ddefnydd sydd i'm henaid i?"
"of what use is my Soul to me?"
'Alla i ddim gweld fy enaid'
"I cannot see my Soul"
"Alla i ddim cyffwrdd fy enaid"
"I cannot touch my Soul"

"Nid wyf yn adnabod fy enaid"
"I do not know my Soul"
A'r offeiriad yn curo ei frest
And the Priest beat his chest
Atebodd, "Rydych chi'n wallgof."
and he answered, "thou art mad"
"Efallai eich bod wedi bwyta perlysiau gwenwynig!"
"perhaps you have eaten poisonous herbs!"
"Yr enaid yw rhan fwyaf bonheddig dyn"
"the Soul is the noblest part of man"
"A rhoddwyd yr enaid i ni gan Dduw"
"and the Soul was given to us by God"
"fel ein bod ni'n defnyddio ein Henaid yn swnllyd"
"so that we nobly use our Soul"
"Nid oes dim yn fwy gwerthfawr nag enaid dynol."
"There is no thing more precious than a human Soul"
"Mae'n werth yr holl aur sydd yn y byd"
"It is worth all the gold that is in the world"
"Y mae'n fwy gwerthfawr na rhuddemau'r brenhinoedd."
"it is more precious than the rubies of the kings"
"Peidiwch â meddwl dim mwy am y mater hwn, fy mab"
"Think not any more of this matter, my son"
"Oherwydd ei fod yn bechod na ellir maddau iddo"
"because it is a sin that may not be forgiven"
"Ac o ran y môr-gwerin, maent yn cael eu colli"
"And as for the Sea-folk, they are lost"
"Ac mae'r rhai sy'n byw gyda nhw hefyd ar goll"
"and those who live with them are also lost"
"Maen nhw fel bwystfilod y maes"
"They are like the beasts of the field"
"y bwystfilod nad ydynt yn gwybod da oddi wrth ddrwg"
"the beasts that don't know good from evil"
"Nid yw'r Arglwydd wedi marw er eu mwyn nhw"
"the Lord has not died for their sake"

efe a glywodd eiriau chwerw yr offeiriad
he heard the bitter words of the Priest
llygaid y pysgotwr ifanc yn llawn dagrau
the young Fisherman's eyes filled with tears
Cododd o'i liniau a dweud, "Dad."
he rose up from his knees and spoke, "Father"
"Mae'r ffawna yn byw yn y goedwig, ac maen nhw'n falch"
"the fauns live in the forest, and they are glad"
"ar y creigiau eistedd y Mermen gyda'u telynau aur"
"on the rocks sit the Mermen with their harps of gold"
"Gadewch imi fod fel y maen nhw, atolwg i chi"
"Let me be as they are, I beseech thee"
'Y mae eu dyddiau fel dyddiau'r blodau'
"their days are like the days of flowers"
"Ac, fel ar gyfer fy enaid," parhaodd y pysgotwr ifanc
"And, as for my Soul," the young Fisherman continued
Beth sydd o fudd i'm henaid?"
what doth my Soul profit me?"
"Sut mae'n dda pe bai'n sefyll rhwng yr hyn rwy'n ei garu?"
"how is it good if it stands between what I love?"
'Y mae cariad y corff yn ffiaidd' gwaeddodd yr offeiriad
"The love of the body is vile" cried the Priest
"A ffiaidd a drwg yw'r pethau paganaidd"
"and vile and evil are the pagan things"
"Melltigedig fyddo ffawd y coetir"
"Accursed be the fauns of the woodland"
"Melltigedig fyddo cantorion y môr!"
"and accursed be the singers of the sea!"
"Dw i'n gwrando arnyn nhw yn ystod y nos"
"I have heard them at night-time"
"Maen nhw wedi ceisio fy hudo o fy Beibl"
"they have tried to lure me from my bible"
"Maen nhw'n taro'r ffenest, ac yn chwerthin"
"They tap at the window, and laugh"
"Maen nhw'n sibrwd i mewn i'm clustiau yn y nos"
"They whisper into my ears at night"

"Maen nhw'n dweud straeon am eu llawenydd peryglus"
"they tell me tales of their perilous joys"
"Maen nhw'n ceisio fy nhemtio gyda temtasiynau"
"They try to tempt me with temptations"
"A phan fyddaf yn ceisio gweddïo maent yn fy gwawdio"
"and when I try to pray they mock me"
"Mae'r werin werin yn cael eu colli, rwy'n dweud wrthych"
"The mer-folk are lost, I tell thee"
"Does dim nefoedd iddyn nhw, nac uffern."
"For them there is no heaven, nor hell"
"ac ni fyddant byth yn clodfori enw Duw"
"and they shall never praise God's name"
'Dad,' gwaeddodd y pysgotwr ifanc
"Father," cried the young Fisherman
"Dydych chi ddim yn gwybod beth rydych chi'n ei ddweud"
"thou knowest not what thou sayest"
"Unwaith yn fy rhwyd mi faglais ferch brenin"
"Once in my net I snared the daughter of a King"
"Mae hi'n fwy teg na seren y bore"
"She is fairer than the morning star"
"Mae hi'n wynnach na'r lleuad"
"and she is whiter than the moon"
"I'w chorff hi y rhoddwn fy enaid"
"For her body I would give my Soul"
"Ac am ei chariad hi y rhodiwn i'r nef."
"and for her love I would surrender heaven"
"Dywedwch wrthyf beth yr wyf yn gofyn i chi"
"Tell me what I ask of thee"
"Dad yr wyf yn erfyn arnat, gad imi fynd mewn heddwch."
"Father I implore thee, let me go in peace"
Ewch ymaith oddi wrthyf! Ffwrdd!" gwaeddodd yr offeiriad
"Get away from me! Away!" cried the Priest
"Y mae dy gariad ar goll, a byddi'n cael dy golli gyda hi."
"thy lover is lost, and thou shalt be lost with her"
ni roddodd yr offeiriad unrhyw fendith iddo
the Priest gave him no blessing

a'i gyrrodd o'i ddrws
and he drove him from his door

aeth y pysgotwr ifanc i lawr i'r farchnad-place
the young Fisherman went down into the market-place
Cerddodd yn araf gyda'i ben yn plygu
he walked slowly with his head bowed
Cerddodd fel un sydd mewn tristwch
he walked like one who is in sorrow
gwelodd y masnachwyr y pysgotwr ifanc yn dod
the merchants saw the young Fisherman coming
a'r masnachwyr yn sibrwd wrth ei gilydd
and the merchants whispered to each other
Daeth un o'r masnachwyr allan i'w gyfarfod
one of the merchants came forth to meet him
Ac efe a'i galwodd ef wrth ei enw
and he called him by his name
Atebodd yntau, "Beth sydd gennyt ti i'w werthu?"
"What hast thou to sell?" he asked him
Atebodd yntau, "Yr wyf am werthu fy enaid i ti," atebodd
"I will sell thee my Soul," he answered
"Yr wyf yn erfyn i ti brynu fy enaid oddi arnaf"
"I pray thee buy my Soul off me"
'Oherwydd fy mod i wedi blino'n lân'
"because I am weary of it"
"Pa ddefnydd sydd i'm henaid i?"
"of what use is my Soul to me?"
'Alla i ddim gweld fy enaid'
"I cannot see my Soul"
"Alla i ddim cyffwrdd fy enaid"
"I cannot touch my Soul"
"Nid wyf yn adnabod fy enaid"
"I do not know my Soul"
Ond dim ond y masnachwyr oedd yn ei watwar.
But the merchants only mocked him
"Pa ddefnydd yw enaid dyn i ni?"

"Of what use is a man's Soul to us?"
'Ddim yn werth darn o arian'
"It is not worth a piece of silver"
"Gwerthu dy gorff ni am gaethwasiaeth"
"Sell us thy body for slavery"
"A byddwn yn dy wisgo mewn porffor môr"
"and we will clothe thee in sea-purple"
"A byddwn yn rhoi modrwy ar dy fys"
"and we'll put a ring upon thy finger"
"A byddwn yn dy wneud di'n Geidwad y Frenhines fawr"
"and we'll make thee the minion of the great Queen"
"Ond peidiwch â siarad am yr enaid â ni"
"but don't talk of the Soul to us"
"Oherwydd i ni nid yw enaid o unrhyw ddefnydd"
"because for us a Soul is of no use"
A meddyliodd y pysgotwr ifanc iddo'i hun
And the young Fisherman thought to himself
"Pa mor rhyfedd yw hyn!"
"How strange a thing this is!"
"Dywedodd yr offeiriad wrthyf werth yr enaid"
"The Priest told me the value of the Soul"
"Mae'r enaid yn werth yr holl aur yn y byd"
"the Soul is worth all the gold in the world"
"Ond mae'r masnachwyr yn dweud rhywbeth gwahanol"
"but the merchants say a different thing"
'Nid yw'r enaid yn werth darn o arian'
"the Soul is not worth a piece of silver"
Ac efe a aeth allan o'r farchnadfa
And he went out of the market-place
ac efe a aeth i waered i lan y môr, ac a aeth i waered i lan y môr.
and he went down to the shore of the sea
a dechreuodd feddwl am yr hyn y dylai ei wneud
and he began to ponder on what he should do

Y Wrach
The Witch

Am hanner dydd cofiodd am un o'i ffrindiau
At noon he remembered one of his friends
Roedd ei ffrind yn gasglwr o samphire
his friend was a gatherer of samphire
roedd wedi dweud wrtho am wrach ifanc
he had told him of a young Witch
roedd y Wrach ifanc hon yn byw mewn ogof gerllaw
this young Witch dwelt in a nearby cave
ac roedd hi'n gyfrwys iawn yn ei Witcheries
and she was very cunning in her Witcheries
safodd y pysgotwr ifanc i fyny a rhedeg i'r ogof
the young Fisherman stood up and ran to the cave

Trwy dosio ei palmwydd roedd hi'n gwybod ei fod yn dod
By the itching of her palm she knew he was coming
A hi a chwardd, ac a ollyngodd ei gwallt coch i lawr.
and she laughed, and let down her red hair
Safodd wrth agor yr ogof
She stood at the opening of the cave
Roedd ei gwallt coch hir yn llifo o'i chwmpas
her long red hair flowed around her
ac yn ei llaw hi roedd ganddi chwistrell o heclyn gwyllt
and in her hand she had a spray of wild hemlock
"Beth ydych chi'n ei ddiffygio?" gofynnodd, wrth iddo ddod
"What do you lack?" she asked, as he came
Roedd yn bant pan ddaeth hi
he was panting when got to her
ac efe a blygodd i lawr o'i blaen hi
and he bent down before her
"Ydych chi eisiau pysgod pan nad oes gwynt?"
"Do you want fish for when there is no wind?"
"Mae gen i ychydig o gors"
"I have a little reed-pipe"

"pan dwi'n ei chwythu mae'r mullet yn dod i mewn i'r bae"
"when I blow it the mullet come into the bay"
"Ond mae ganddo bris, bachgen braf"
"But it has a price, pretty boy"
"Beth ydych chi'n ei ddiffygio?"
"What do you lack?"

"Wyt ti eisiau storm i ddryllio'r llongau?"
"Do you want a storm to wreck the ships?"
"Bydd yn golchi cistiau trysor cyfoethog ar y tir"
"It will wash the chests of rich treasure ashore"
"Mae gen i fwy o stormydd na'r gwynt"
"I have more storms than the wind"
"Yr wyf yn gwasanaethu un sy'n gryfach na'r gwynt"
"I serve one who is stronger than the wind"
"Gallaf anfon y strydoedd mawr i waelod y môr"
"I can send the great galleys to the bottom of the sea"
"gyda gwialen a bwced o ddŵr"
"with a sieve and a pail of water"
"Ond mae gen i fachgen braf, pris"
"But I have a price, pretty boy"
"Beth ydych chi'n ei ddiffygio?"
"What do you lack?"

"Rwy'n gwybod blodyn sy'n tyfu yn y dyffryn"
"I know a flower that grows in the valley"
"Does neb yn gwybod am y blodyn hwn, ond dw i"
"no one knows of this flower, but I"
"Mae gan y blodyn cyfrinachol hwn ddail porffor"
"this secret flower has purple leaves"
"Ac yng nghalon y blodyn y mae seren"
"and in the heart of the flower is a star"
"Ac mae ei sudd mor wyn â llaeth"
"and its juice is as white as milk"
'Cyffwrdd â gwefusau'r Frenhines ag ef'
"touch the lips of the Queen with it"

"A hi a'th ganlyn di ar hyd a lled y byd"
"and she will follow thee all over the world"
"Allan o wely'r brenin byddai hi'n codi"
"Out of the bed of the King she would rise"
"Dros y byd i gyd, byddai'n dy ddilyn di."
"and over the whole world she would follow thee"
"Ond mae ganddo bris, bachgen braf"
"But it has a price, pretty boy"
"Beth ydych chi'n ei ddiffygio?"
"What do you lack?"

"Dw i'n gallu rhoi llyffant mewn mortar"
"I can pound a toad in a mortar"
"A dw i'n gallu gwneud cawl o'r llygod"
"and I can make broth of the toad"
"Cymysgwch y cawl gyda llaw dyn marw"
"stir the broth with a dead man's hand"
"Taenellwch ef ar eich gelyn wrth iddo gysgu"
"Sprinkle it on thine enemy while he sleeps"
"a bydd e'n troi'n wiber du"
"and he will turn into a black viper"
"A bydd ei fam ei hun yn ei ladd"
"and his own mother will slay him"
"Gyda olwyn, gallaf dynnu'r lleuad o'r nefoedd"
"With a wheel I can draw the Moon from heaven"
"ac mewn grisial gallaf ddangos marwolaeth i ti"
"and in a crystal I can show thee Death"
"Beth ydych chi'n ei ddiffygio?"
"What do you lack?"
"Dywedwch wrthyf eich dymuniad, ac fe'i rhoddaf i chi."
"Tell me thy desire and I will give it to you"
"A byddi'n talu pris i mi, bachgen tlws"
"and thou shalt pay me a price, pretty boy"

"Mae fy nymuniad yn ddim ond am ychydig"
"My desire is but for a little thing"

"Ond roedd yr offeiriad yn ddig gyda mi"
"yet the Priest was angry with me"
"Ac efe a'm herlidiodd ymaith mewn dicter"
"and he chased me away in anger"
"Fy nymuniad yw ond am ychydig"
"My wish is but for a little thing"
"Ond mae'r masnachwyr wedi fy gwawdio"
"yet the merchants have mocked me"
"Maen nhw'n gwadu fy nymuniad i"
"and they denied me my wish"
"Am hynny y deuthum atat"
"Therefore have I come to thee"
"Yr wyf fi wedi dod er bod pobl yn dy alw di'n ddrwg"
"I came although men call thee evil"
"Beth bynnag yw dy werth, mi dalaf"
"but whatever thy price is I shall pay it"
"Beth fyddech chi'n ei wneud?" gofynnodd y Witch
"What would'st thou?" asked the Witch
a hi a ddaeth yn agos at y pysgotwr
and she came near to the Fisherman
"Rwyf am anfon fy enaid oddi wrthyf"
"I wish to send my Soul away from me"
Tyfodd y Wrach yn welw, a hudo
The Witch grew pale, and shuddered
a chuddiodd ei hwyneb yn ei mantell las
and she hid her face in her blue mantle
"Fachgen braf, mae hynny'n beth ofnadwy i'w wneud"
"Pretty boy, that is a terrible thing to do"
Taflodd ei cyrliau brown a chwerthin
He tossed his brown curls and laughed
"Mae fy enaid yn fy ngwneud i," atebodd
"My Soul is nought to me" he answered
'Alla i ddim gweld fy enaid'
"I cannot see my Soul"
"Alla i ddim cyffwrdd fy enaid"
"I cannot touch my Soul"

"Nid wyf yn adnabod fy enaid"
"I do not know my Soul"
gwelodd y Wrach ifanc gyfle
the young Witch saw an opportunity
Beth fyddech chi'n ei roi i mi pe bawn i'n dweud wrthych?
"What would thou give me if I tell thee?"
ac edrychodd i lawr arno gyda'i llygaid hardd
and she looked down at him with her beautiful eyes
"Rhoddaf bum darn o aur i ti," meddai
"I will give thee five pieces of gold" he said
"A rhoddaf i ti fy rhwydi ar gyfer pysgota"
"and I will give thee my nets for fishing"
"A rhoddaf iti'r tŷ lle'r wyf fi'n byw."
"and I will give thee the house where I live"
"Gallwch gael fy llong"
"and you can have my boat"
'Rhof i ti bopeth sydd gen i.'
"I will give thee all that I possess"
"Dywedwch wrthyf sut i gael gwared ar fy enaid"
"Tell me how to get rid of my Soul"
Roedd hi'n chwerthin yn chwerthinllyd am ei
She laughed mockingly at him
ac fe'i trawodd â chwistrell Hemagl
and she struck him with the spray of hemlock
"Gallaf droi dail yr hydref yn aur"
"I can turn the autumn leaves into gold"
"A gallaf blethu'r trawstiau lleuad welw yn arian"
"and I can weave the pale moonbeams into silver"
"Y mae'r sawl yr wyf yn ei wasanaethu yn gyfoethocach na'r holl frenhinoedd."
"He whom I serve is richer than all kings"
"Nid aur nac arian yw dy bris di," meddai
"thy price be neither gold nor silver," he confirmed
"Beth ddylwn i ei roi i chi os gwelwch yn dda?"
"What then shall I give thee if?"
"Fe wnaeth y Witch strôc ei wallt gyda'i llaw wen denau"

"The Witch stroked his hair with her thin white hand"
'Mae'n rhaid i ti ddawnsio gyda fi, bachgen hardd,' meddyliodd
"Thou must dance with me, pretty boy," she murmured
Ac roedd hi'n gwenu arno wrth iddi siarad
and she smiled at him as she spoke
'Dim byd ond hynny?' gwaeddodd y pysgotwr ifanc
"Nothing but that?" cried the young Fisherman
Ac roedd yn meddwl tybed pam nad oedd hi'n gofyn am fwy o
and he wondered why she didn't ask for more
'Dim byd ond hynny' atebodd
"Nothing but that" she answered
Ac mae hi'n gwenu arno eto
and she smiled at him again
"Yna, ar fachlud haul byddwn ni'n dawnsio gyda'n gilydd"
"Then at sunset we shall dance together"
"Ac wedi i ni ddawnsio, fe ddywedi wrthyf."
"And after we have danced thou shalt tell me"
'Yr hyn yr wyf am ei wybod'
"The thing which I desire to know"
ysgydwodd y Wrach ifanc ei phen
the young Witch shook her head
'Pan fydd y lleuad yn llawn'
"When the moon is full" she muttered
Yna hi a barodd bob cylch, ac a wrandawodd ar
Then she peered all round, and listened
Cododd aderyn glas yn sgrechian o'i nyth
A blue bird rose screaming from its nest
a'r aderyn glas yn cylchio dros y twyni
and the blue bird circled over the dunes
a thri aderyn wedi eu gweld yn rhuo yn y glaswellt
and three spotted birds rustled in the grass
a'r adar yn chwibanu ar ei gilydd
and the birds whistled to each other
Doedd dim sŵn arall heblaw sŵn ton

There was no other sound except for the sound of a wave
Roedd y don yn malu cerrig mân
the wave was crushing pebbles
Felly estynnodd ei llaw
So she reached out her hand
A hi a'i dug ef yn agos ati hi
and she drew him near to her
a rhoddodd ei gwefusau sych yn agos at ei glust
and she put her dry lips close to his ear
"Heno rhaid i ti ddod i ben y mynydd"
"Tonight thou must come to the top of the mountain"
"Mae'n Saboth, a bydd e yno."
"It is a Sabbath, and He will be there"
Roedd y pysgotwr ifanc wedi ei syfrdanu gan yr hyn a ddywedodd
The young Fisherman was startled by what she said
Dangosodd ei dannedd gwyn iddo a chwerthin
she showed him her white teeth and laughed
Pwy yw'r un yr wyt ti'n siarad amdano?"
"Who is He of whom thou speakest?"
'Ddim yn bwysig,' atebodd
"It matters not," she answered
'Dos yno heno,' meddai hi wrtho
"Go there tonight," she told him
"Arhoswch amdanaf dan ganghennau'r hornbeam"
"wait for me under the branches of the hornbeam"
"Os yw ci du yn rhedeg tuag atoch peidiwch â chynhyrfu"
"If a black dog runs towards thee don't panic"
"Taro'r ci gyda helyg a bydd yn diflannu"
"strike the dog with willow and it will go away"
"Os bydd tylluan yn siarad â chi, peidiwch ag ateb"
"If an owl speaks to thee don't answer it"
"Pan fydd y lleuad yn gyflawn, byddaf gyda thi."
"When the moon is full I shall be with thee"
"A byddwn yn dawnsio gyda'n gilydd ar y glaswellt"
"and we will dance together on the grass"

cytunodd y pysgotwr ifanc i wneud fel y dywedodd
the young Fisherman agreed to do as she said
Ond wyt ti'n tyngu imi sut i anfon fy enaid i ffwrdd?"
"But do you swear to tell me how to send my Soul away?"
Symudodd i mewn i'r haul
She moved out into the sunlight
a'r gwynt yn rhuo trwy ei gwallt coch
and the wind rippled through her red hair
"Gyda charnau'r afr rwy'n ei thyngu"
"By the hoofs of the goat I swear it"
"Ti yw'r gorau o'r Gwrachod" gwaeddodd y Pysgotwr ifanc
"Thou art the best of the Witches" cried the young Fisherman
"Byddaf yn sicr yn dawnsio gyda chi heno."
"and I will surely dance with thee tonight"
"Byddwn i wedi hoffi pe baech chi wedi gofyn am aur"
"I would have preferred it if you had asked for gold"
Ond os yw hyn yn eich pris byddaf yn ei dalu. "
"But if this is thy price I shall pay it"
'Oherwydd ei fod yn ddim ond ychydig'
"because it is but a little thing"
Plygodd ei gap iddi a plygu ei ben yn isel
He doffed his cap to her and bent his head low
a rhedodd yn ôl i'r dref gyda llawenydd yn ei galon
and he ran back to town with joy in his heart
A'r Witch gwylio ef wrth iddo fynd
And the Witch watched him as he went
Pan oedd wedi mynd heibio o'i golwg, aeth i mewn i'w ogof
when he had passed from her sight she entered her cave
tynnodd allan drych o flwch
she took out a mirror from a box
a hi a sefydlodd y drych ar ffrâm
and she set up the mirror on a frame
Llosgodd vervain ar siarcol ysgafn cyn y drych
She burned vervain on lighted charcoal before the mirror
ac fe wnaeth hi gyfoedio trwy goiliau'r mwg
and she peered through the coils of the smoke

ymhen ennyd fe losgodd ei dwylo mewn dicter
after a time she clenched her hands in anger
"Fe ddylai fod wedi bod yn eiddo i mi," meddai
"He should have been mine," she muttered
"Rwy'n mor hardd ag y mae hi"
"I am as beautiful as she is"

Pan gododd y lleuad gadawodd ei gwt
When the moon had risen he left his hut
dringodd y pysgotwr ifanc i fyny i ben y mynydd
the young Fisherman climbed up to the top of the mountain
Ac efe a safodd dan ganghennau y cornbeam
and he stood under the branches of the hornbeam
Roedd y môr yn gorwedd wrth ei draed fel disg o fetel caboledig
The sea lay at his feet like a disc of polished metal
Cysgodion y cychod pysgota yn symud yn y bae bach
the shadows of the fishing boats moved in the little bay
Tylluan fawr gyda llygaid melyn yn ei alw
A great owl with yellow eyes called him
Fe'i galwodd wrth ei enw
it called him by his name
Ond ni wnaeth y dylluan ateb
but he made the owl no answer
Rhedodd ci du tuag ato a snarled
A black dog ran towards him and snarled
ond ni chynhyrfodd pan ddaeth y ci
but he did not panic when the dog came
tarodd y ci â gwialen o helyg
he struck the dog with a rod of willow
A'r ci a aeth ymaith, yn gwenu
and the dog went away, whining

Am hanner nos daeth y Gwrachod yn hedfan drwy'r awyr
At midnight the Witches came flying through the air
Roedden nhw fel ystlumod yn hedfan yn yr awyr

they were like bats flying in the air
'Phew!' gwaeddasant, wrth iddynt lanio ar y llawr
"Phew!" they cried, as they landed on the ground
"Mae rhywun yma nad ydym yn ei adnabod!"
"there is someone here that we don't know!"
ac maent yn sniffed o gwmpas ar gyfer y dieithryn
and they sniffed around for the stranger
Buont yn sgwrsio â'i gilydd ac yn gwneud arwyddion
they chattered to each other and made signs
Yn olaf oll daeth y Wrach ifanc
Last of all came the young Witch
Roedd ei gwallt coch yn llifo yn y gwynt
her red hair was streaming in the wind
Roedd hi'n gwisgo ffrog o feinwe aur
She wore a dress of gold tissue
ac roedd ei gwisg wedi ei brodio â llygaid peacocks
and her dress was embroidered with peacocks' eyes
Roedd cap bach o felfed gwyrdd ar ei phen
a little cap of green velvet was on her head
"Pwy ydy e?" gwaeddodd y gwrachod pan welson nhw hi
"Who is he?" shrieked the Witches when they saw her
Ond dim ond chwerthin wnaeth hi, a rhedeg i'r hornbeam
but she only laughed, and ran to the hornbeam
A hi a gymerodd y pysgotwr â llaw
and she took the Fisherman by the hand
Aeth ag ef allan i oleuni'r lleuad
she led him out into the moonlight
ac yng ngolau'r lleuad dechreuon nhw ddawnsio
and in the moonlight they began to dance
Rownd a rownd y maent yn chwyrlio yn eu dawns
Round and round they whirled in their dance
Mae hi'n neidio yn uwch ac yn uwch i'r awyr
she jumped higher and higher into the air
Roedd yn gallu gweld sodlau ysgarlad ei hesgidiau
he could see the scarlet heels of her shoes
Yna daeth sŵn carlamu ceffyl

Then came the sound of the galloping of a horse
Ond doedd dim ceffyl i'w weld
but there was no horse to be seen
Ac efe a ofnodd, ond ni wyddai pam
and he felt afraid, but he did not know why
"Yn gyflymach," gwaeddodd y Witch wrtho
"Faster," cried the Witch to him
a hi a daflodd ei breichiau o amgylch ei wddf
and she threw her arms around his neck
a'i hanadl yn boeth ar ei wyneb
and her breath was hot upon his face
'Cyflymach ac yn gyflymach!' gwaeddodd eto
"Faster, faster!" she cried again
Roedd y ddaear fel pe bai'n troelli o dan ei draed
the earth seemed to spin beneath his feet
Ac mae ei feddyliau yn mynd yn fwy a mwy cythryblus
and his thoughts grew more and more troubled
allan o unman ddychryn mawr yn disgyn arno
out of nowhere a great terror fell on him
Roedd yn teimlo bod rhywbeth drwg yn ei wylio
he felt some evil thing was watching him
Ac o'r diwedd daeth yn ymwybodol o rywbeth
and at last he became aware of something
dan gysgod craig roedd ffigwr
under the shadow of a rock there was a figure
ffigur nad oedd wedi bod yno o'r blaen
a figure that he had not been there before
Roedd yn ddyn wedi gwisgo mewn siwt felfed ddu
It was a man dressed in a black velvet suit
cafodd ei styled yn y ffasiwn Sbaeneg
it was styled in the Spanish fashion
Roedd wyneb y dieithriaid yn rhyfedd o welw
the strangers face was strangely pale
ond roedd ei wefusau fel blodyn coch balch
but his lips were like a proud red flower
Roedd yn ymddangos yn flinedig o'r hyn yr oedd yn ei weld

He seemed weary of what he was seeing
roedd yn pwyso yn ôl toying mewn modd listless
he was leaning back toying in a listless manner
Roedd yn teipio gyda Pommel ei dagr
he was toying with the pommel of his dagger
ar y glaswellt wrth ei ochr yn gosod het eirin
on the grass beside him lay a plumed hat
Ac roedd pâr o fenig marchogaeth gyda Gilt Lace
and there were a pair of riding gloves with gilt lace
cawsant eu gwnïo â pherlau hadau
they were sewn with seed-pearls
Mae clogyn byr wedi'i leinio â sables wedi'u hongian o'i ysgwydd
A short cloak lined with sables hung from his shoulder
a'i ddwylo gwyn cain yn cael eu gemio â modrwyau
and his delicate white hands were gemmed with rings
Trawodd amrannau trwm dros ei lygaid
Heavy eyelids drooped over his eyes
Y pysgotwr ifanc yn gwylio'r dieithryn
The young Fisherman watched the stranger
Yn union fel pan fydd un yn cael ei faglu mewn sillaf
just like when one is snared in a spell
O'r diwedd cyfarfu'r pysgotwyr a llygaid y dieithryn
At last the Fisherman's and the stranger's eyes met
lle bynnag y dawnsiodd roedd y llygaid yn ymddangos arno
wherever he danced the eyes seemed to be on him
Clywodd y Wrach yn chwerthin yn wyllt
He heard the Witch laugh wildly
ac fe'i daliwyd gan y waist
and he caught her by the waist
a chwyrodd hi yn wyllt rownd a rownd
and he whirled her madly round and round
Yn sydyn ci yn cyfarth yn y coed
Suddenly a dog barked in the woods
a'r holl ddawnswyr yn stopio dawnsio
and all the dancers stopped dancing

Syrthiasant i lawr a chusanu dwylo'r dyn
they knelt down and kissed the man's hands
Wrth iddyn nhw wneud hynny fe wnaeth gwên fach gyffwrdd â'i wefusau balch
As they did so a little smile touched his proud lips
fel pan fydd adain aderyn yn cyffwrdd â'r dŵr
like when a bird's wing touches the water
Ac mae'n gwneud i'r dŵr chwerthin ychydig
and it makes the water laugh a little
Ond roedd anrheithio yn ei wên
But there was disdain in his smile
Roedd yn dal i edrych ar y pysgotwr ifanc
He kept looking at the young Fisherman
Dewch! gadewch i ni addoli" sibrwd y Wrach
"Come! let us worship" whispered the Witch
A hi a'i dug ef at y gŵr
and she led him up to the man
Roedd awydd mawr i'w dilyn wedi ei ddal
a great desire to follow her seized him
Ac efe a'i canlynodd hi at y gŵr
and he followed her to the man
Ond pan ddaeth yn agos fe wnaeth arwydd y Groes
But when he came close he made the sign of the Cross
Gwnaeth hyn heb wybod pam y gwnaeth
he did this without knowing why he did it
Ac efe a alwodd ar yr enw sanctaidd
and he called upon the holy name
Cyn gynted ag y gwnaeth hyn, roedd y Gwrachod yn sgrechian fel hebogiaid
As soon as he did this the Witches screamed like hawks
a'r holl wrachod yn hedfan i ffwrdd fel ystlumod
and all the Witches flew away like bats
y ffigwr o dan y cysgod twitched â phoen
the figure under the shadow tWitched with pain
Aeth y dyn drosodd i ychydig o bren a chwibanu
The man went over to a little wood and whistled

Daeth ceffyl gyda thaflu arian yn rhedeg i'w gyfarfod
A horse with silver trappings came running to meet him
Wrth iddo neidio ar y cyfrwy trodd o gwmpas
As he leapt upon the saddle he turned round
ac edrychodd ar y pysgotwr ifanc yn anffodus
and he looked at the young Fisherman sadly
ceisiodd y Witch gyda'r gwallt coch hefyd hedfan i ffwrdd
the Witch with the red hair also tried to fly away
ond daliodd y pysgotwr hi wrth ei arddyrnau
but the Fisherman caught her by her wrists
ac efe a lynodd wrthi yn dynn
and he kept hold of her tightly
"Gadewch i mi fynd!" gwaeddodd, "Gadewch imi fynd!"
"Let me loose!" she cried, "Let me go!"
Rydych chi wedi enwi'r hyn na ddylid ei enwi."
"thou hast named what should not be named"
"Ac yr wyt wedi dangos yr arwydd na ellir edrych arno."
"and thou hast shown the sign that may not be looked at"
Ni fyddaf yn gadael i chi fynd nes eich bod wedi dweud wrthyf y gyfrinach. "
"I will not let thee go till thou hast told me the secret"
"Pa gyfrinach?" meddai'r Witch
"What secret?" said the Witch
Ac mae hi'n ymgodymu ag ef fel cath wyllt
and she wrestled with him like a wild cat
ac fe frathodd ei gwefusau ewyn
and she bit her foam-flecked lips
'Rydych chi'n gwybod y gyfrinach,' atebodd y pysgotwr
"You know the secret," replied the Fisherman
Tyfodd ei llygaid glaswellt-wyrdd yn pylu gyda dagrau
Her grass-green eyes grew dim with tears
"Gofynnwch unrhyw beth ond hynny!" gofynnodd i'r pysgotwr
"Ask me anything but that!" she begged of the Fisherman
Roedd yn chwerthin ac yn ei dal yn dynn
He laughed, and held her all the more tightly

Gwelodd nad oedd hi'n gallu rhyddhau ei hun
She saw that she could not free herself
Pan ddeallodd hyn, fe sibrydodd wrtho
when she realized this she whispered to him
"Yn sicr, yr wyf mor deg â merched y môr"
"Surely I am as fair as the daughters of the sea"
"Ac yr wyf mor brydferth â'r rhai sy'n byw yn y dyfroedd glas"
"and I am as comely as those that dwell in the blue waters"
a hi a fagodd arno ac a roddes ei hwyneb yn agos at ei
and she fawned on him and put her face close to his
Ond fe wthiodd hi yn ôl ac atebodd hi
But he thrust her back and replied to her
"Os na fyddwch yn cadw eich addewid, fe'ch lladdaf"
"If thou don't keep your promise I will slay thee"
'Fe'th laddaf am wrach ffug'
"I will slay thee for a false Witch"
Tyfodd rey nwy fel blodeuyn o goeden Jwdas
She grew gas rey as a blossom of the Judas tree
a shudder rhyfedd heibio trwy ei chorff
and a strange shudder past through her body
"Os mai dyna sut rydych chi am iddo fod," meddai.
"if that is how you want it to be," she muttered
"Mae'n eich enaid ac nid fy un i"
"It is thy Soul and not mine"
"Gwna â'th enaid fel y mynnot."
"Do with your Soul as thou wish"
Ac fe gymerodd hi o'i gwregys ychydig o gyllell
And she took from her girdle a little knife
Roedd gan y gyllell handlen o groen gwyrdd gwiber
the knife had a handle of green viper's skin
a rhoddodd y gyllell fach werdd hon iddo
and she gave him this green little knife
Atebodd yntau, "Beth a wnaf â hyn?" gofynnodd iddi
"What shall I do with this?" he asked of her
Roedd hi'n dawel am ychydig funudau

She was silent for a few moments
Daeth golwg o arswyd dros ei wyneb
a look of terror came over her face
Yna fe wnaeth hi frwsio ei gwallt yn ôl o'i thalcen
Then she brushed her hair back from her forehead
Ac yn gwenu'n rhyfedd, siaradodd ag ef
and, smiling strangely, she spoke to him
"Mae dynion yn ei alw'n gysgod i'r corff"
"men call it the shadow of the body"
"Ond nid yw'n gysgod y corff"
"but it is not the shadow of the body"
"Y cysgod yw corff yr enaid"
"the shadow is the body of the Soul"
"Safwch ar lan y môr gyda'ch cefn i'r lleuad"
"Stand on the sea-shore with thy back to the moon"
"Torrwch i ffwrdd o gwmpas eich traed eich cysgod"
"cut away from around thy feet thy shadow"
"Y cysgod, sef corff dy enaid"
"the shadow, which is thy Soul's body"
"a gwna dy enaid dy adael di."
"and bid thy Soul to leave thee"
a bydd dy enaid yn dy adael di."
"and thy Soul will leave thee"
Dychrynodd y pysgotwr ifanc, "A yw hyn yn wir?"
The young Fisherman trembled, "Is this true?"
"Mae'r hyn dw i wedi'i ddweud yn wir," atebodd hi.
"what I have said is true," she answered him
"Ac yr wyf yn dymuno nad oeddwn wedi dweud wrthych am y peth"
"and I wish that I had not told thee of it"
hi a waeddodd, ac a lynodd wrth ei liniau yn wylo
she cried, and clung to his knees weeping
Symudodd hi oddi wrtho yn y glaswellt tal
he moved her away from him in the tall grass
a gosododd y gyllell fach werdd yn ei gwregys
and he placed the little green knife in his belt

Yna aeth i ymyl y mynydd
then he went to the edge of the mountain
o ymyl y mynydd dechreuodd ddringo i lawr
from the edge of the mountain he began to climb down

Yr Enaid
The Soul

Galwodd ei enaid ato
his Soul called out to him
"Dw i wedi bod gyda ti drwy'r holl flynyddoedd."
"I have dwelt with thee for all these years"
"Dw i wedi bod yn was i ti"
"and I have been thy servant"
"Paid â'm gyrru oddi wrthyt ti"
"Don't send me away from thee"
Pa ddrwg a wneuthum i ti?
"what evil have I done thee?"
Ac mae'r pysgotwr ifanc yn chwerthin
And the young Fisherman laughed
"Dwyt ti ddim wedi gwneud drwg i mi"
"Thou has done me no evil"
"Nid oes arnaf eich angen chi"
"but I have no need of thee"
'Mae'r byd yn eang'
"The world is wide"
"Mae Nefoedd ac uffern yn y bywyd hwn"
"there is Heaven and Hell in this life"
"Ac mae cyfnos bach rhyngddynt"
"and there a dim twilight between them"
"Ewch lle bynnag y mynnoch, ond peidiwch â phoeni."
"Go wherever thou wilt, but trouble me not"
"Am fod fy nghariad yn galw arnaf"
"because my love is calling to me"
Roedd ei enaid yn erfyn arno yn druenus
His Soul besought him piteously
ond y Fishmerman ifanc yn ufuddhau iddo nid
but the young Fishmerman heeded it not
Yn lle hynny, neidiodd o Grag i Crag
instead, he leapt from crag to crag
Symudodd mor sicr â gafr wyllt

he moved as sure-footed as a wild goat
ac o'r diwedd fe gyrhaeddodd y tir gwastad
and at last he reached the level ground
ac yna fe gyrhaeddodd lan melyn y môr
and then he reached the yellow shore of the sea
Safodd ar y tywod gyda'i gefn i'r lleuad
He stood on the sand with his back to the moon
ac allan o'r môr-ewyn daeth breichiau gwyn
and out of the sea-foam came white arms
y breichiau y môr-forwyn beckoned ef i ddod
the arms of the mermaid beckoned him to come
Cyn iddo osod ei gysgod; corff ei enaid
Before him lay his shadow; the body of his Soul
y tu ôl iddo hongian y lleuad, mewn aer lliw mêl
behind him hung the moon, in honey-coloured air
Ac mae ei enaid siarad ag ef eto
And his Soul spoke to him again
"Ti wedi penderfynu fy ngyrru i ffwrdd oddi wrthyt ti"
"thou hast decided to drive me away from thee"
"Ond peidiwch â'm hanfon allan heb galon."
"but send me not forth without a heart"
"Mae'r byd rydych chi'n fy anfon i yn greulon"
"The world you are sending me to is cruel"
"Rho dy galon i mi fynd gyda mi"
"give me thy heart to take with me"
Taflodd ei ben a gwenu
He tossed his head and smiled
"Gyda beth ddylwn i garu os byddaf yn rhoi fy nghalon i chi?"
"With what should I love if I gave thee my heart?"
'Na, ond byddwch drugarog,' meddai ei enaid
"Nay, but be merciful," said his Soul
"Rho dy galon i mi, oherwydd mae'r byd yn greulon iawn."
"give me thy heart, for the world is very cruel"
"Ac mae gen i ofn," gwaeddodd ar ei enaid
"and I am afraid," begged his soul

'Fy nghalon yw fy nghariad i,' atebodd
"My heart belongs my love," he answered
"A ddylwn i ddim caru hefyd?" gofynnodd ei enaid
"Should I not love also?" asked his Soul
Ond nid yw'r pysgotwr yn ateb ei enaid
but the fisherman didn't answer his soul
"Ewch i ffwrdd, oherwydd nid oes arnaf eich angen chi."
"Get thee gone, for I have no need of thee"
Ac efe a gymerth y gyllell fach
and he took the little knife
y gyllell gyda'i handlen o groen gwyrdd viper
the knife with its handle of green viper's skin
a thorrodd ei gysgod oddi amgylch ei draed
and he cut away his shadow from around his feet
A'i gysgod ef a gyfododd, ac a safodd ger ei fron ef.
and his shadow rose up and stood before him
Roedd ei gysgod yn union fel yr oedd
his shadow was just like he was
a'i gysgod yn edrych yn union fel y gwnaeth
and his shadow looked just like he did
Gafaelodd yn ôl a rhoi ei gyllell yn ei gwregys
He crept back and put his knife into his belt
Daeth teimlad o awch drosto
A feeling of awe came over him
'Dos i ffwrdd,' meddai
"Get thee gone," he murmured
"Gadewch imi weld dy wyneb ddim mwy"
"let me see thy face no more"
'Na, ond mae'n rhaid i ni gwrdd eto,' meddai'r enaid
"Nay, but we must meet again," said the Soul
Roedd llais ei enaid yn isel ac fel ffliwt
His Soul's voice was low and like a flute
Prin y symudodd ei wefusau tra roedd yn siarad
its lips hardly moved while it spoke
"Sut byddwn ni'n cwrdd?" gofynnodd y pysgotwr ifanc
"How shall we meet?" asked the young Fisherman

"Ni fyddi di yn fy nilyn i ddyfnderoedd y môr?"
"Thou wilt not follow me into the depths of the sea?"
"Unwaith y byddaf yn dod i'r lle hwn bob blwyddyn"
"Once every year I will come to this place"
'Galwaf arnat,' meddai'r enaid
"I will call to thee," said the Soul
"Efallai y bydd ei angen arnaf"
"It may be that thou will have need of me"
ni welodd y pysgotwr ifanc reswm
the young Fishermam did not see a reason
"Beth sydd ei angen arnoch chi?"
"What need could I have of thee?"
'Ond byddwch fel y mynnoch'
"but be it as thou wilt"
Aeth i mewn i'r dyfroedd tywyll dwfn
he plunged into the deep dark waters
a chwythodd y Tritoniaid eu cyrn i'w groesawu
and the Tritons blew their horns to welcome him
y Mermaid bach yn codi i fyny i gwrdd â'i chariad
the little Mermaid rose up to meet her lover
rhoddodd ei breichiau o amgylch ei gwddf
she put her arms around his neck
a hi a'i cusanodd ef ar y genau
and she kissed him on the mouth
Roedd ei enaid yn sefyll ar y traeth unig
His Soul stood on the lonely beach
Roedd ei enaid yn eu gwylio nhw'n suddo i'r môr
his Soul watched them sink into the sea
yna aeth ei enaid yn wylo dros y corsydd
then his Soul went weeping away over the marshes

Ar ôl y Flwyddyn Gyntaf
After the First Year

Roedd hi wedi bod yn flwyddyn ers iddo daflu ei enaid i ffwrdd
it had been one year since had he cast his soul away
daeth yr enaid yn ôl i lan y môr
the Soul came back to the shore of the sea
a'r Enaid yn galw ar y pysgotwr ifanc
and the Soul called to the young Fisherman
Y pysgotwr ifanc yn codi yn ôl o'r môr
the young Fisherman rose back out of the sea
Gofynnodd i'w enaid, "Pam yr wyt yn fy ngalw i?"
he asked his soul, "Why dost thou call me?"
A'r enaid a atebodd ac a ddywedodd, Tyred yn agosach.
And the Soul answered, "Come nearer"
"Tyrd yn nes atat er mwyn imi siarad â thi."
"come nearer, so that I may speak with thee"
'Rwyf wedi gweld pethau rhyfeddol'
"I have seen marvellous things"
Felly daeth y pysgotwr ifanc yn nes at ei enaid
So the young Fisherman came nearer to his soul
ac efe a soffa yn y dŵr bas
and he couched in the shallow water
a phwysodd ei ben ar ei law
and he leaned his head upon his hand
a gwrandawodd ar ei enaid
and he listened to his Soul
a'i enaid yn siarad ag ef
and his Soul spoke to him

Pan fyddaf yn gadael i mi droi i'r dwyrain
When I left thee I turned East
O'r dwyrain daw popeth sy'n ddoeth
From the East cometh everything that is wise
Am chwe diwrnod bûm yn teithio tua'r dwyrain

For six days I journeyed eastwards
Ar fore'r seithfed dydd y deuthum i fynydd
on the morning of the seventh day I came to a hill
bryn sydd yng ngwlad y Tartars
a hill that is in the country of the Tartars
Eisteddais i lawr o dan gysgod coeden tamarisg
I sat down under the shade of a tamarisk tree
er mwyn cysgodi fy hun rhag yr haul
in order to shelter myself from the sun
Roedd y tir yn sych ac wedi llosgi o'r gwres
The land was dry and had burnt up from the heat
Aeth y bobl i'r gwastadedd ac i fyny dros y gwastadedd
The people went to and fro over the plain
roeddent fel pryfed yn cropian ar gopr caboledig
they were like flies crawling on polished copper
Pan oedd hi'n hanner dydd cododd cwmwl o lwch coch
When it was noon a cloud of red dust rose
Pan welodd y Tartars fe wnaethant dagu eu bwâu
When the Tartars saw it they strung their bows
a hwy a neidiasant ar eu ceffylau bychain
and they leapt upon their little horses
Roedden nhw'n carlamu i gwrdd â chwmwl llwch coch
they galloped to meet the cloud of red dust
Y merched yn ffoi i'r wagenni, yn sgrechian
The women fled to the wagons, screamin
Roedden nhw'n cuddio'u hunain y tu ôl i'r llenni ffelt
they hid themselves behind the felt curtains
Ar y cyfnos dychwelodd y Tartars i'w gwersyll
At twilight the Tartars returned to their camp
Ond ni ddychwelodd pump ohonynt
but five of them did not return
Roedd llawer ohonynt wedi cael eu hanafu
many of them had been wounded
Roedden nhw'n harneisio eu ceffylau i'r wagenni
They harnessed their horses to the wagons
a hwy a yrasant ymaith ar frys

and they drove away hastily
Daeth tri jacals allan o ogof a chyfoedion ar eu holau
Three jackals came out of a cave and peered after them
Roedd y jacals yn sniffed aer gyda'u ffroenau
the jackals sniffed the air with their nostrils
ac maent yn troedio i ffwrdd i'r cyfeiriad arall
and they trotted off in the opposite direction
Pan gododd y lleuad gwelais dân gwersyll
When the moon rose I saw a camp-fire
a mi a euthum i'r tân yn y pellter
and I went towards the fire in the distance
Roedd cwmni o fasnachwyr yn eistedd o amgylch y tân
A company of merchants were seated round the fire
Roedd y masnachwyr yn eistedd ar eu carpedi
the merchants were sitting on their carpets
Roedd eu camelod wedi'u clymu y tu ôl iddynt
Their camels were tied up behind them
A'u gweision hwynt oedd yn gwersyllu pebyll yn y tywod
and their servants were pitching tents in the sand
Wrth imi ddod yn agos atyn nhw, cododd y prif
As I came near them the chief rose up
tynnodd ei gleddyf a gofyn i mi fy mwriad
he drew his sword and asked me my intentions
Atebais fy mod yn dywysog yn fy ngwlad fy hun
I answered that I was a Prince in my own land
Dywedais fy mod wedi dianc o'r tartars
I said I had escaped from the Tartars
Roedden nhw wedi ceisio fy ngwneud i'n gaethwas
they had sought to make me their slave
Gwenodd y prif a dangos pum pen i mi
The chief smiled and showed me five heads
Roedd y pennau'n sefydlog ar gors hir o Bambŵ
the heads were fixed upon long reeds of bamboo
Ac efe a ofynnodd i mi, pwy oedd proffwyd Duw,
Then he asked me who was the prophet of God
Yr wyf yn ateb iddo ei fod yn, "Mohammed"

I answered him that it was, "Mohammed"
Plygodd a gafael â mi â llaw
He bowed and took me by the hand
a gadawodd i mi eistedd wrth ei ochr
and he let me sit by his side
Daeth gwas â llaeth mare i mi mewn dysgl bren
A servant brought me some mare's milk in a wooden-dish
ac efe a ddug ddarn o gig oen
and he brought a piece of lamb's flesh
Yn ystod y dydd, dechreuon ni ar ein taith
At daybreak we started on our journey
Cerddais ar gamel coch, wrth ochr y prif
I rode on a red-haired camel, by the side of the chief
rhedodd rhedwr o'n blaenau, gan gario gwaywffon
a runner ran before us, carrying a spear
Roedd y rhyfelwyr ar y ddwy ochr i ni
The men of war were on both sides of us
a'r mulod yn dilyn gyda'r nwyddau
and the mules followed with the merchandise
Roedd deugain camelod yn y garafán
There were forty camels in the caravan
a'r mulod ddwywaith deugain o ran nifer
and the mules were twice forty in number

Aethon ni o wlad Tartars i wlad Gryphons
We went from the land of Tartars to the land of Gryphons
Mae gwerin y Gryphons yn melltithio'r Lleuad
The folk of the Gryphons curse the Moon
Gwelsom y Gryphons ar y creigiau gwyn
We saw the Gryphons on the white rocks
Roedden nhw'n gwarchod eu trysor aur
they were guarding their gold treasure
A gwelsom y Dreigiau graddfa yn cysgu yn eu ogofâu
And we saw the scaled Dragons sleeping in their caves
Wrth i ni groesi'r mynyddoedd, fe wnaethon ni ddal ein gwynt

As we passed over the mountains we held our breath
rhag i'r eira ddisgyn arnom
so that the snow would not fall on us
A rhwymodd pob un orchudd ar ei lygaid
and each man tied a veil over his eyes
wrth i ni basio trwy ddyffrynnoedd y Pygmies
when we passed through the valleys of the Pygmies
a'r Pygmies yn saethu eu saethau atom ni
and the Pygmies shot their arrows at us
maent yn saethu o bantiau y coed
they shot from the hollows of the trees
Yn y nos clywsom y dynion gwyllt yn curo eu drymiau
at night we heard the wild men beat their drums
Pan gyrhaeddon ni Tŵr yr Apes fe wnaethon ni gynnig ffrwythau
When we came to the Tower of Apes we offered fruits
ac ni wnaeth y rhai yn nhŵr yr Apes ein niweidio
and those in the tower of the Apes did not harm us
Pan ddaethon ni i Dŵr y Seirff fe wnaethon ni gynnig llaeth
When we came to the Tower of Serpents we offered milk
a'r rhai sydd yn nhŵr y seirff yn gadael i ni fynd heibio
and those in the tower of the Serpents let us go past
Tair gwaith yn ein taith daethom at lannau'r Oxus
Three times in our journey we came to the banks of the Oxus
Croesasom afon Oxus ar rafftiau o bren
We crossed the river Oxus on rafts of wood
Gwylltiodd ceffylau'r afon a cheisio ein lladd
The river horses raged and tried to slay us
Pan welodd y camelod hwy, maent yn crynu
When the camels saw them they trembled
Mae brenhinoedd pob dinas yn codi tollau arnom ni
The kings of each city levied tolls on us
ond ni adawsant i ni fyned i mewn i'w pyrth
but they would not allow us to enter their gates
Roedden nhw'n taflu bara dros y waliau i ni
They threw bread over the walls to us

a rhoddon nhw gacennau bach i ni wedi'u pobi mewn mêl
and they gave us little maize-cakes baked in honey
a chacennau o flawd mân wedi'u llenwi â dyddiadau
and cakes of fine flour filled with dates
Am bob can basged rhoesom iddynt glain o ambr
For every hundred baskets we gave them a bead of amber
Pan welodd pentrefwyr ni'n dod fe wnaethon nhw wenwyno'r ffynhonnau
When villagers saw us coming they poisoned the wells
a ffodd y pentrefwyr i'r copaon
and the villagers fled to the hill-summits
ar ein taith buom yn ymladd gyda'r Magadae
on our journey we fought with the Magadae
Maen nhw'n cael eu geni'n hen, ac yn tyfu yn iau bob blwyddyn
They are born old, and grow younger every year
byddant farw pan fyddant yn blant
they die when they are little children
ac ar ein taith buom yn ymladd gyda'r Laktroi
and on our journey we fought with the Laktroi
maent yn dweud bod y Laktroi yn feibion teigrod
they say that the Laktroi are the sons of tigers
ac maen nhw'n peintio eu hunain yn felyn a du
and they paint themselves yellow and black
Ac ar ein taith buom yn ymladd gyda'r Aurantes
And on our journey we fought with the Aurantes
y maent yn claddu eu meirw ar bennau'r coed
they bury their dead on the tops of trees
yr haul, yr hwn yw eu Duw hwynt, yn lladd eu claddedigaeth hwynt.
the Sun, who is their god, slays their buried
felly maen nhw'n byw mewn ceudyllau tywyll
so they live in dark caverns
Ac ar ein taith buom yn ymladd gyda'r Krimnians
And on our journey we fought with the Krimnians
mae gwerin y Krimniaid yn addoli crocodeil

the folk of the Krimnians worship a crocodile
Maent yn rhoi clustdlysau crocodeil o wydr gwyrdd
they give the crocodile earrings of green glass
Maent yn bwydo'r crocodeil gyda menyn ac adar ffres
they feed the crocodile with butter and fresh fowls
buom yn ymladd gyda'r Agazonbae, sy'n wynebu cŵn
we fought with the Agazonbae, who are dog-faced
a buom yn ymladd gyda'r Sibaniaid, sydd â thraed ceffylau
and we fought with the Sibans, who have horses' feet
a gallant redeg yn gyflymach na'r ceffylau cyflymaf
and they can run swifter than the fastest horses

Bu farw traean o'n byddin mewn brwydr
A third of our army died in battle
Bu farw traean o'n byddin o eisiau bwyd
a third of our army died from want of food
Roedd gweddill ein byddin yn grwgnach yn fy erbyn
The rest of our army murmured against me
Dywedon nhw fy mod i wedi dod â ffortiwn ddrwg iddyn nhw
they said that I had brought them an evil fortune
Cymerais wiber o dan garreg
I took an adder from beneath a stone
a gadawaf i'r wiber frathu fy llaw
and I let the adder bite my hand
Pan welon nhw nad oeddwn i'n sâl, roedden nhw'n ofni
When they saw I did not sicken they grew afraid
Yn y pedwerydd mis daethom i ddinas Illel
In the fourth month we reached the city of Illel
Roedd hi'n noson pan gyrhaeddon ni'r dref
It was night time when we reached the city
Daethom i'r grochan y tu allan i furiau'r ddinas
we arrived at the grove outside the city walls
Roedd yr awyr yn y ddinas yn sultry
the air in the city was sultry
oherwydd bod y Lleuad yn teithio yn Scorpion

because the Moon was travelling in Scorpion
Fe wnaethon ni gymryd y pomgranadau aeddfed o'r coed
We took the ripe pomegranates from the trees
ac fe'u torrasom, ac yfasom eu sudd melys
and we broke them, and drank their sweet juices
Yna fe wnaethon ni osod ar ein carpedi
Then we laid down on our carpets
a buom yn aros i'r wawr ddod
and we waited for the dawn to come
Ar doriad gwawr, dyma ni'n codi ac yn curo wrth borth y ddinas
At dawn we rose and knocked at the gate of the city
Cafodd y giât ei wneud allan o efydd coch
the gate was wrought out of red bronze
Ac yr oedd y porth yn cerfiadau o ddraigau môr
and the gate had carvings of sea-dragons
Edrychodd y gwarchodwyr i lawr o'r frwydrau
The guards looked down from the battlements
a gofynasant i ni beth oedd ein bwriadau
and they asked us what our intentions were
Atebodd cyfieithydd y carafán
The interpreter of the caravan answered
Dywedon ni ein bod ni wedi dod o wlad Syria
we said we had come from the land of Syria
a dywedasom wrtho fod gennym lawer o nwyddau
and we told him we had many merchandise
Fe wnaethon nhw gymryd rhai ohonom fel gwystlon
They took some of us as hostages
A dywedon nhw wrthym y byddent yn agor y giât ganol dydd
and they told us they would open the gate at noon
pan oedd hi'n ganol dydd fe wnaethon nhw agor y giât
when it was noon they opened the gate
Pan ddaethon ni i mewn i'r bobl allan o'r tai
when we entered the people came out of the houses
Daethant i edrych ar ein

they came in order to look at us
A rhuthrwr o amgylch y ddinas
and a town crier went around the city
gwnaeth gyhoeddiadau o'n cyrraedd trwy gragen
he made announcements of our arrival through a shell
Rydym yn sefyll yn y farchnad y medina
We stood in the market-place of the medina
a'r gweision yn dadgordio byrnau
and the servants uncorded the bales of cloths
Agoron nhw y cistiau cerfiedig o Sycamorwydden
they opened the carved chests of sycamore
Yna sefydlodd masnachwyr eu nwyddau rhyfedd
Then merchants set forth their strange wares
lliain cwyr o'r Aifft, wedi eu paentio lliain o'r Ethiops
waxed linen from Egypt, painted linen from the Ethiops
Sbyngau porffor o Tyrus, cwpanau o ambr oer
purple sponges from Tyre, cups of cold amber
llestri gwych o wydr, a llongau chwilfrydig o glai wedi'u llosgi
fine vessels of glass, and curious vessels of burnt clay
O do tŷ fe wyliodd cwmni o ferched ni
From the roof of a house a company of women watched us
Roedd un ohonyn nhw'n gwisgo mwgwd o ledr gildiog
One of them wore a mask of gilded leather

y dydd cyntaf y daeth yr offeiriaid, ac a arosasant gyda ni,
on the first day the Priests came and bartered with us
Ar yr ail ddiwrnod, daeth yr uchelwyr a mynd gyda ni
On the second day the nobles came and bartered with us
Ar y trydydd dydd daeth y crefftwyr a barter gyda ni.
on the third day the craftsmen came and bartered with us
Daeth pawb â'u caethweision atom
all of them brought their slaves to us
Mae hyn yn eu harfer gyda phob masnachwr
this is their custom with all merchants
Roedden ni'n disgwyl i'r lleuad ddod

we waited for the moon to come
pan oedd y lleuad yn gwanhau mi grwydrodd i ffwrdd
when the moon was waning I wandered away
Roeddwn i'n meddwl trwy strydoedd y ddinas
I wondered through the streets of the city
a mi a ddeuthum i ardd Duw'r ddinas
and I came to the garden of the city's God
Symudodd yr Offeiriaid yn eu gwisgoedd melyn yn dawel
The Priests in their yellow robes moved silently
Symudon nhw drwy'r coed gwyrdd
they moved through the green trees
Roedd palmant o farmor du
There was a pavement of black marble
ac ar y palmant hwn safai tŷ rhosyn-goch
and on this pavement stood a rose-red house
Hwn oedd y tŷ lle'r oedd Duw yn preswylio ynddo
this was the house in which the God was dwelling
Roedd ei ddrysau o lacr powdr
its doors were of powdered lacquer
a gwnaed teirw a pheunod ar y drysau
and bulls and peacocks were wrought on the doors
a'r drysau wedi eu cerfio ag aur
and the doors were polished with gold
Roedd y to teils o borslen môr-wyrdd
The tiled roof was of sea-green porcelain
a'r ysgubau jiwtio yn cael eu festooned gyda chlychau bach
and the jutting eaves were festooned with little bells
Pan hedfanodd y colomennod gwyn heibio fe wnaethon nhw daro'r clychau.
When the white doves flew past they struck the bells
maent yn taro'r clychau gyda'u hadenydd
they struck the bells with their wings
a'r colomennod yn gwneud y clychau'n ffêr
and the doves made the bells tinkle
O flaen y deml roedd pwll o ddŵr clir
In front of the temple was a pool of clear water

Roedd y pwll wedi'i balmantu â onyx veined
the pool was paved with veined onyx
Rhoddais i lawr wrth ymyl dŵr y pwll
I laid down beside the water of the pool
a gyda fy mysedd gwelw fe wnes i gyffwrdd y dail llydan
and with my pale fingers I touched the broad leaves
Daeth un o'r offeiriaid ataf
One of the Priests came towards me
a safodd yr offeiriad y tu ôl i mi
and the priest stood behind me
Roedd ganddo sandalau ar ei draed
He had sandals on his feet
Roedd un sandal o groen sarff meddal
one sandal was of soft serpent-skin
a'r sandal arall oedd o eirin adar
and the other sandal was of birds' plumage
Ar ei ben roedd meic o ddu yn teimlo
On his head was a mitre of black felt
ac fe'i haddurnwyd â chreaduriaid arian
and it was decorated with silver crescents
Roedd saith math o felyn wedi eu plethu i'w wisg
Seven kinds of yellow were woven into his robe
ac roedd ei wallt frizzed wedi'i staenio â antimoni
and his frizzed hair was stained with antimony

Ar ôl ychydig o amser bu'n siarad â mi
After a little while he spoke to me
O'r diwedd, gofynnodd i mi fy nymuniad
finally, he asked me my desire
Dywedais wrtho mai fy awydd oedd gweld eu duw
I told him that my desire was to see their god
Edrychodd yn rhyfedd arnaf gyda'i lygaid bach
He looked strangely at me with his small eyes
"Mae'r Duw yn hela," meddai'r offeiriad
"The god is hunting," said the Priest
Nid wyf wedi derbyn ateb yr offeiriad

I did not accept the answer of the priest
"Dywedwch wrthyf ym mha goedwig a byddaf yn reidio gydag ef"
"Tell me in what forest and I will ride with him"
Roedd ewinedd ei fys yn hir a phwyntiog
his finger nails were long and pointed
Cribodd ymylon meddal ei tiwnig
he combed out the soft fringes of his tunic
"Mae Duw yn cysgu!"
"The god is asleep," he murmured
"Dywed wrthyf pa soffa, a byddaf fi'n ei wylio"
"Tell me on what couch, and I will watch over him"
'Y mae Duw ar yr ŵyl' gwaeddodd
"The god is at the feast" he cried
"Os yw'r gwin yn felys, byddaf yn ei yfed gydag ef."
"If the wine be sweet, I will drink it with him"
"Ac os bydd y gwin yn chwerw, mi a'i yfaf gydag ef hefyd."
"and if the wine be bitter, I will drink it with him also"
Ysgydwodd ei phen mewn rhyfeddod
He bowed his head in wonder
Yna gafaelodd â mi â llaw
then he took me by the hand
a chodi fi ar fy nhraed
and raised me up onto my feet
Ac efe a'm dug i mewn i'r deml,
and he led me into the temple

Yn y siambr gyntaf gwelais eilun
In the first chamber I saw an idol
Roedd yr eilun hon yn eistedd ar orsedd o iasbis.
This idol was seated on a throne of jasper
Roedd yr eilun yn ffinio â pherlau orient mawr
the idol was bordered with great orient pearls
ac ar ei dalcen yr oedd rhwbeth mawr
and on its forehead was a great ruby
Yr eilun oedd o ddyn, wedi ei gerfio allan o eboni

the idol was of a man, carved out of ebony
olew trwchus yn rhwygo o'i wallt i'w gluniadau
thick oil dripped from its hair to its thighs
Roedd ei draed yn goch gyda gwaed oen newydd ei ladd
Its feet were red with the blood of a newly-slain lamb
a'i lwynau yn girt gyda gwregys copr
and its loins girt with a copper belt
copr a astudiwyd gyda saith beryl
copper that was studded with seven beryls
A dywedais wrth yr offeiriad, "Ai hwn yw'r Duw?"
And I said to the Priest, "Is this the god?"
Ac atebodd fi, "Hwn yw'r Duw."
And he answered me, "This is the god"
'Dangos i mi'r duw,' gwaeddais innau, 'neu fe'th laddaf'.
"Show me the god," I cried, "or I will slay thee"
Fe wnes i gyffwrdd â'i law ac fe waeddodd
I touched his hand and it withered
"Gadewch i'm harglwydd iacháu ei was," meddai wrthyf.
"Let my lord heal his servant," he begged me
iachewch ei wasanaethwr, a dangosaf iddo'r Duw
"heal his servant and I will show him the God"
Felly anadlais â'm gwynt ar ei law
So I breathed with my breath upon his hand
Pan wnes i hyn, daeth ei law yn gyfan eto
when I did this his hand became whole again
A'r offeiriad a ofnodd ag ofn
and the priest trembled with fear
Yna aeth â fi i'r ail ystafell
Then he led me into the second chamber
yn y Siambr hon gwelais eilun arall
in this chamber I saw another idol
Roedd yr eilun yn sefyll ar lawer o jade
The idol was standing on a lotus of jade
Mae'r Lotus hongian gyda emralltau mawr
the lotus hung with great emeralds
ac mae'r lotus ei gerfio allan o ifori

and the lotus was carved out of ivory
Roedd ei statws ddwywaith statws dyn
its stature was twice the stature of a man
Ar ei dalcen roedd chrysolite mawr
On its forehead was a great chrysolite
Cafodd ei bronnau eu mygu â myrrh a sinamon
its breasts were smeared with myrrh and cinnamon
Mewn un llaw, roedd yn dal teyrnwialen gamog o jâd
In one hand it held a crooked sceptre of jade
ac yn y llaw arall roedd yn dal grisial gron
and in the other hand it held a round crystal
a'i gwddf trwchus yn cael ei gylchu gyda Selenites
and its thick neck was circled with selenites
Gofynnais i'r offeiriad, "Ai hwn yw'r Duw?"
I asked the Priest, "Is this the god?"
Atebodd fi, "Hwn yw'r Duw
he answered me, "This is the god"
'Dangos i mi'r duw,' gwaeddais innau, 'neu fe'th laddaf'.
"Show me the god," I cried, "or I will slay thee"
Ac mi a gyffyrddais â'i lygaid, a hwy a aethant yn ddall
And I touched his eyes and they became blind
Ac mae'r offeiriad yn erfyn arna i am drugaredd
And the Priest begged me for mercy
"Gadewch i'm harglwydd iacháu ei was"
"Let my lord heal his servant"
"Iacháu fi, a byddaf yn dangos iddo'r Duw
"heal me and I will show him the God"
Felly anadlais gyda fy anadl ar ei lygaid
So I breathed with my breath upon his eyes
a daeth yr olwg yn ôl i'w lygaid
and the sight came back to his eyes
Dychrynodd eto gydag ofn
He trembled with fear again
ac yna aeth â fi i'r drydedd siambr
and then he led me into the third chamber

Doedd dim eilun yn y drydedd siambr
There was no idol in the third chamber
Nid oedd delweddau o unrhyw fath
there were no images of any kind
Y cyfan oedd yn yr ystafell oedd drych
all there was in the room was a mirror
Roedd y drych wedi'i wneud o fetel crwn
the mirror was made of round metal
gosodwyd y drych ar allor o gerrig
the mirror was set on an altar of stone
Gofynnais i'r offeiriad, "Ble mae'r Duw?"
I said to the Priest, "Where is the god?"
Atebodd fi, "Nid oes Duw ond y drych hwn
he answered me, "There is no god but this mirror
oherwydd dyma ddrych doethineb
because this is the Mirror of Wisdom
Mae'n adlewyrchu popeth sydd yn y nefoedd
It reflects all things that are in heaven
ac mae'n adlewyrchu popeth sydd ar y ddaear
and it reflects all things that are on earth
heblaw wyneb yr hwn sydd yn edrych i mewn iddo,
except for the face of him who looketh into it
Yr hwn sydd yn edrych i mewn iddi, nid yw'n adlewyrchu
him who looketh into it it reflects not
Felly bydd y sawl sy'n edrych i'r drych yn dod yn ddoeth
so he who looketh into the mirror will become wise
Mae yna lawer o ddrychau eraill yn y byd
there are many other mirrors in the world
Ond drychau o farn ydyn nhw
but they are mirrors of opinion
Dyma'r unig ddrych sy'n dangos doethineb
This is the only mirror that shows Wisdom
Mae'r rhai sy'n meddu ar y drych hwn yn gwybod popeth
those who possess this mirror know everything
Nid oes dim yn cuddio oddi wrthynt
There isn't anything that is hidden from them

Ac nid oes gan y rhai nad ydynt yn meddu ar y drych ddoethineb
And those who don't possess the mirror don't have Wisdom
Felly, y drych hwn yw'r Duw
Therefore this mirror is the God
a dyna pam rydyn ni'n addoli'r drych hwn
and that is why we worship this mirror
Ac yr wyf yn edrych i mewn i'r drych
And I looked into the mirror
A dyna fel y dywedodd wrthyf
and it was as he had said to me

Ac yna fe wnes i rywbeth rhyfedd
And then I did a strange thing
Ond nid yr hyn yr wyf yn ei wneud yn bwysig
but what I did matters not
Mae yna gwm sydd ond taith diwrnod oddi yma
There a valley that is but a day's journey from here
yn y cwm hwn yr wyf wedi cuddio drych doethineb
in this valley I have hidden the Mirror of Wisdom
Gadewch i mi fynd i mewn i chi eto
Allow me to enter into thee again
Derbyn fi, a byddi ddoethach na'r holl ddoethion
accept me and thou shalt be wiser than all the wise men
Gadewch i mi fynd i mewn i chi, ac ni fydd neb mor ddoeth â chi
let me enter into thee and none will be as wise as thou
Ond mae'r pysgotwr ifanc yn chwerthin
But the young Fisherman laughed
'Y mae cariad yn well na doethineb'
"Love is better than Wisdom"
"Mae'r Mermaid bach yn fy ngharu"
"The little Mermaid loves me"
"Ond does dim byd gwell na doethineb" meddai'r enaid
"But there is nothing better than Wisdom" said the Soul
'Mae cariad yn well,' atebodd y pysgotwr ifanc

"Love is better," answered the young Fisherman
ac efe a syrthiodd i'r môr dwfn
and he plunged into the deep sea
a'r enaid a aeth wylo dros y corsydd
and the Soul went weeping away over the marshes

Ar ol yr Ail Flwyddyn
After the Second Year

Roedd hi wedi bod yn ddwy flynedd ers iddo fwrw ei enaid i ffwrdd.
it had been two years since he had cast his soul away
daeth yr enaid yn ôl i lan y môr
the Soul came back to the shore of the sea
a'r Enaid yn galw ar y pysgotwr ifanc
and the Soul called to the young Fisherman
Y pysgotwr ifanc yn codi yn ôl o'r môr
the young Fisherman rose back out of the sea
Gofynnodd i'w enaid, "Pam yr wyt yn fy ngalw i?"
he asked his soul, "Why dost thou call me?"
A'r enaid a atebodd ac a ddywedodd, Tyred yn agosach.
And the Soul answered, "Come nearer"
"Tyrd yn nes atat er mwyn imi siarad â thi."
"come nearer, so that I may speak with thee"
'Rwyf wedi gweld pethau rhyfeddol'
"I have seen marvellous things"
Felly daeth y pysgotwr ifanc yn nes at ei enaid
So the young Fisherman came nearer to his soul
ac efe a soffa yn y dŵr bas
and he couched in the shallow water
a phwysodd ei ben ar ei law
and he leaned his head upon his hand
a gwrandawodd ar ei enaid
and he listened to his Soul
a'i enaid yn siarad ag ef
and his Soul spoke to him

Pan adawais â thi, troais fy wyneb i'r de
When I left thee I turned my face to the South
O'r gogledd daw popeth sy'n werthfawr
From the South cometh everything that is precious
Chwe diwrnod fe wnes i deithio ar hyd y llwybrau llychlyd

Six days I journeyed along the dusty paths
a'r llwybrau yn arwain i ddinas Ashter
and the paths led to the city of Ashter
ffyrdd y pererinion yn mynd
ways by which the pilgrims are wont to go
Ar fore'r seithfed dydd codais fy llygaid
on the morning of the seventh day I lifted up my eyes
ac wele! Roedd dinas Ashter yn gorwedd wrth fy nhraed
and lo! the city of Ashter lay at my feet
oherwydd y mae dinas Ashter mewn dyffryn
because the city of Ashter is in a valley
Mae naw giatiau o amgylch y ddinas hon
There are nine gates around this city
o flaen pob giât saif ceffyl efydd
in front of each gate stands a bronze horse
y ceffylau neigh pan ddaw'r Bedouins o'r mynyddoedd
the horses neigh when the Bedouins come from the mountains
Mae waliau'r ddinas wedi'u gorchuddio â chopr
The walls of the city are cased with copper
mae'r tyrau gwylio ar y waliau wedi'u toi â phres
the watch-towers on the walls are roofed with brass
Ym mhob twr ar hyd y wal saif saethwr
In every tower along the wall stands an archer
ac mae gan bob saethwr fwa yn ei law
and each archer has a bow in his hand
Ar godiad haul mae'n taro gong gyda saeth
At sunrise he strikes a gong with an arrow
ac ar fachlud haul mae'n chwythu trwy gorn
and at sunset he blows through a horn
pan geisiais fynd i mewn i'r gwarchodwyr fy stopio
when I sought to enter the guards stopped me
a gofynnodd y gwarchodwyr i mi pwy oeddwn i
and the guards asked of me who I was
Gwnes i ateb fy mod i'n Dervish
I made answer that I was a Dervish
Dywedais fy mod ar fy ffordd i ddinas Mecca

I said I was on my way to the city of Mecca
ym Mecca roedd gorchudd gwyrdd
in Mecca there was a green veil
brodwaith y Koran gyda llythrennau arian arno
the Koran was embroidered with silver letters on it
Cafodd ei frodio gan ddwylo'r angylion
it was embroidered by the hands of the angels
llanwyd y gwarchodwyr â rhyfeddod ar yr hyn a ddywedais wrthynt
the guards were filled with wonder at what I told them
a dyma nhw'n erfyn arna i fynd i mewn i'r ddinas
and they entreated me to enter the city
Y tu mewn i'r ddinas roedd basâr
Inside the city there was a bazaar
Yn sicr dylech fod wedi bod gyda mi
Surely thou should'st have been with me
Yn y strydoedd cul mae'r llusernau papur hapus yn fflachio
in the narrow streets the happy paper lanterns flutter
maent yn fflamio fel glöynnod byw mawr
they flutter like large butterflies
Pan fydd y gwynt yn chwythu maent yn codi ac yn disgyn fel swigod
When the wind blows they rise and fall like bubbles
O flaen eu bythau eisteddwch y masnachwyr
In front of their booths sit the merchants
Mae pob masnachwr yn eistedd ar eu carpedi sidanaidd
every merchant sits on their silken carpets
Mae ganddyn nhw farfâu du syth hir
They have long straight black beards
ac mae eu twrban yn cael eu gorchuddio â sequins aur
and their turbans are covered with golden sequins
Maent yn dal llinynnau o gerrig peach-ambr a cherfiedig
they hold strings of amber and carved peach-stones
ac maen nhw'n eu glidio trwy eu bysedd cŵl
and they glide them through their cool fingers
Mae rhai ohonynt yn gwerthu galbanum a nard

Some of them sell galbanum and nard
Mae rhai yn gwerthu persawrau o ynysoedd Môr India
some sell perfumes from the islands of the Indian Sea
ac maent yn gwerthu olew trwchus rhosod coch a myrr,
and they sell the thick oil of red roses and myrrh
ac maen nhw'n gwerthu ewin bach siâp
and they sell little nail-shaped cloves
Pan fydd rhywun yn stopio siarad â nhw, maen nhw'n cynnau thus
When one stops to speak to them they light frankincense
maent yn taflu pinches ohono ar brazier golosg
they throw pinches of it upon a charcoal brazier
ac mae'n gwneud yr aer yn melys
and it makes the air sweet
Gwelais Syria a oedd yn dal gwialen denau
I saw a Syrian who held a thin rod
Daeth edafedd llwyd o fwg o'r wialen
grey threads of smoke came from the rod
a'i arogl fel arogl yr almonau pinc
and its odour was like the odour of the pink almonds
Mae eraill yn gwerthu breichledau arian wedi'u boglynnu â cherrig turquoise
Others sell silver bracelets embossed with turquoise stones
ac anklets o wifren bres wedi'u hymyleiddio gyda pherlau bach
and anklets of brass wire fringed with little pearls
a chreithiau teigrod wedi'u gosod mewn aur
and tigers' claws set in gold
a chrafangau'r gath gilt honno
and the claws of that gilt cat
crafangau'r llewpardiaid, hefyd wedi eu gosod mewn aur
the the claws of leopards, also set in gold
a chlustdlysau o emrallt tyllu
and earrings of pierced emerald
a bysedd-modrwyau o jâd hollowed
and finger-rings of hollowed jade

O'r tai te daeth sŵn y gitâr
From the tea-houses came the sound of the guitar
Ac roedd yr opiwm-ysmygwyr yn y tai te
and the opium-smokers were in the tea-houses
mae eu hwynebau gwynnu yn edrych allan ar y rhai sy'n mynd heibio
their white smiling faces look out at the passers-by
Ddylech chi fod wedi bod gyda mi
thou truly should'st have been with me
Mae'r gwerthwyr gwin penelin eu ffordd drwy'r dorf
The wine-sellers elbow their way through the crowd
gyda chrwyn du mawr ar eu hysgwyddau
with great black skins on their shoulders
Mae'r rhan fwyaf ohonynt yn gwerthu gwin Schiraz
Most of them sell the wine of Schiraz
mae gwin Schiraz mor melys â mêl
the wine of Schiraz is as sweet as honey
Maent yn ei wasanaethu mewn cwpanau metel bach
They serve it in little metal cups
Yn y farchnad stondin gwerthwyr ffrwythau
In the market-place stand the fruit sellers
Mae'r gwerthwyr ffrwythau yn gwerthu pob math o ffrwythau
the fruit sellers sell all kinds of fruit
ffigys aeddfed, gyda'u cnawd porffor wedi'i friwio
ripe figs, with their bruised purple flesh
melonau, arogli mwsg a melyn fel topazes
melons, smelling of musk and yellow as topazes
sitronau a rhosyn-afalau a chlystyrau o rawnwin gwyn
citrons and rose-apples and clusters of white grapes
orennau aur coch crwn a lemonau hirgrwn o aur gwyrdd
round red-gold oranges and oval lemons of green gold
Ar ôl i mi weld eliffant yn mynd gan y gwerthwyr ffrwythau
Once I saw an elephant go by the fruit sellers
Peintiwyd ei boncyff gyda vermilion a thyrmerig
Its trunk was painted with vermilion and turmeric

a thros ei glustiau roedd ganddo rwyd o llinyn sidan Crimson.
and over its ears it had a net of crimson silk cord
Stopiodd gyferbyn ag un o'r bythau
It stopped opposite one of the booths
a dechreuodd yr eliffant fwyta'r orennau
and the elephant began eating the oranges
Yn hytrach na gwylltio, dim ond chwerthin y dyn
instead of getting angry, the man only laughed
Ni allwch feddwl pa mor rhyfedd yw pobl
Thou canst not think how strange a people they are
Pan fyddant yn falch eu bod yn mynd i'r gwerthwyr adar
When they are glad they go to the bird-sellers
maent yn mynd atynt i brynu aderyn cawell
they go to them to buy a caged bird
a hwy a ollyngasant yr aderyn yn rhydd i gynyddu eu llawenydd
and they set the bird free to increase their joy
a phan maen nhw'n drist maen nhw'n fflangellu eu hunain gyda drains
and when they are sad they scourge themselves with thorns
rhag i'w tristwch gynyddu yn llai
so that their sorrow may not grow less

Un noson cwrddais â chaethweision
One evening I met some slaves
Roedden nhw'n cario palanquin trwm drwy'r basâr
they were carrying a heavy palanquin through the bazaar
Wedi'i wneud o bambw gilded
It was made of gilded bamboo
Ac roedd y polion o Vermilion Laquer
and the poles were of vermilion lacquer
Roedd yn frith o peacocks pres
it was studded with brass peacocks
Ar draws y ffenestri hongian llenni tenau
Across the windows hung thin curtains

brodwyd y llenni gydag adenydd chwilod
the curtains were embroidered with beetles' wings
ac roeddent wedi'u leinio â pherlau hadau bach
and they were lined with tiny seed-pearls
ac wrth iddi basio gan Circassian sy'n wynebu pale, gwenu arnaf
and as it passed by a pale-faced Circassian smiled at me
Dilynais y tu ôl i gludwyr y palanquin
I followed behind bearers of the palanquin
A'r caethweision a frysiasant eu camau, ac a fwriasant
and the slaves hurried their steps and scowled
Ond doedd dim ots gen i os oedden nhw'n smwddio
But I did not care if they scowled
Roeddwn i'n teimlo chwilfrydedd mawr yn dod drosof
I felt a great curiosity come over me
O'r diwedd fe wnaethon nhw stopio mewn tŷ gwyn sgwâr
At last they stopped at a square white house
Doedd dim ffenestri i'r tŷ
There were no windows to the house
Roedd y tŷ i gyd yn ddrws bach
all the house had was a little door
a'r drws oedd fel drws bedd
and the door was like the door of a tomb
Maent yn gosod y palanquin yn y tŷ
They set down the palanquin at the house
ac fe guron nhw dair gwaith gyda morthwyl copr
and they knocked three times with a copper hammer
Armenaidd mewn caffi lledr gwyrdd wedi'i ffinio drwy'r wiced
An Armenian in a green leather caftan peered through the wicket
A phan welodd efe hwynt, efe a agorodd y drws
and when he saw them he opened the door
Lledodd garped ar lawr a chamodd y ddynes allan
he spread a carpet on the ground and the woman stepped out
Wrth iddi fynd i mewn fe drodd rownd a gwenu arnaf eto

As she went in she turned round and smiled at me again
Dwi erioed wedi gweld neb mor ddi-hid
I had never seen anyone so pale
Pan gododd y lleuad dychwelais i'r un lle
When the moon rose I returned to the same place
A mi a geisiais y tŷ, ond nid oedd yno mwyach.
and I sought for the house, but it was no longer there
Pan welais i fy mod i'n gwybod pwy oedd y fenyw
When I saw that I knew who the woman was
ac roeddwn i'n gwybod pam roedd hi'n gwenu arna i
and I knew why she had smiled at me
Wrth gwrs, dylech fod wedi bod gyda mi
Certainly, thou should'st have been with me

Roedd gwledd o'r lleuad newydd
There was a feast of the New Moon
daeth yr ymerawdwr ifanc allan o'i balas
the young Emperor came forth from his palace
ac aeth i mewn i'r mosg i weddïo
and he went into the mosque to pray
Roedd ei wallt a'i farf wedi'u lliwio â dail rhosod
His hair and beard were dyed with rose-leaves
a'i bochau yn cael eu powdwru â llwch aur mân
and his cheeks were powdered with a fine gold dust
Roedd palmwydd ei draed a'i ddwylo yn felyn gyda saffrwm
The palms of his feet and hands were yellow with saffron
Ar godiad haul aeth allan o'i balas
At sunrise he went forth from his palace
Cafodd ei wisgo mewn gwisg o arian
he was dressed in a robe of silver
Ac ar fachlud haul dychwelodd eto
and at sunset he returned again
Yna cafodd ei wisgo mewn gwisg aur
then he was dressed in a robe of gold
Y bobl yn gwasgu eu hunain ar lawr gwlad

The people flung themselves on the ground
cuddiasant eu hwynebau, ond ni fyddwn yn gwneud hynny
they hid their faces, but I would not do so
Sefais wrth stondin gwerthwr dyddiadau ac arhosais
I stood by the stall of a seller of dates and waited
Pan welodd yr Ymerawdwr fi cododd ei aeliau paentiedig
When the Emperor saw me he raised his painted eyebrows
ac fe stopiodd i fy ngweld i
and he stopped to observe me
Sefais yn eithaf llonydd a gwneud iddo ddim obeisance
I stood quite still and made him no obeisance
Roedd y bobl yn rhyfeddu at fy eiddgarwch
The people marvelled at my boldness
Fe'm cynghorasant i ffoi o'r ddinas
they counselled me to flee from the city
Ond ni wnes i ddim cymryd sylw o'u rhybuddion
but I paid no heed to their warnings
yn lle hynny, yr wyf yn mynd ac yn eistedd gyda gwerthwyr duwiau dieithr
instead, I went and sat with the sellers of strange gods
oherwydd eu crefft maent yn ffiaidd
by reason of their craft they are abominated
Pan ddywedais i wrthyn nhw beth roeddwn i wedi'i wneud, rhoddodd pob un ohonyn nhw eilun i mi
When I told them what I had done each of them gave me an idol
a gweddïasant arnaf i'w gadael
and they prayed me to leave them

Y noson honno roeddwn yn Stryd Pomegranates
That night I was in the Street of Pomegranates
Roeddwn i mewn tŷ te ac roeddwn i'n gosod clustog
I was in a tea-house and I laid on a cushion
daeth gwarchodlu'r Ymerawdwr i mewn a mynd â mi i'r palas
the guards of the Emperor entered and led me to the palace

Wrth i mi fynd i mewn roedden nhw'n cau pob drws y tu ôl i mi
As I went in they closed each door behind me
ac maent yn rhoi cadwyn ar draws pob drws
and they put a chain across each door
Y tu mewn i'r palas roedd cwrt mawr
Inside the palace there was a great courtyard
Roedd waliau'r cwrt o alabastr gwyn
The walls of the courtyard were of white alabaster
Roedd yr alabastr wedi'i addurno â theils glas a gwyrdd
the alabaster was decorated with blue and green tiles
ac roedd y colofnau o farmor gwyrdd
and the pillars were of green marble
Ac roedd y palmant o farmor blodau eirin gwlypach
and the pavement was of peach-blossom marble
Dwi erioed wedi gweld dim byd tebyg o'r blaen
I had never seen anything like it before
Wrth i mi basio'r cwrt roedd dwy fenyw orchuddiedig ar falconi
As I passed the courtyard two veiled women were on a balcony
Edrychasant i lawr o'u balconi a'm melltithio
they looked down from their balcony and cursed me
Brysiodd y gwarchodwyr drwy'r cwrt
The guards hastened on through the courtyard
Roedd casgennau'r lances yn canu ar y llawr caboledig
the butts of the lances rang upon the polished floor
Maent yn agor giât o ifori gyr
They opened a gate of wrought ivory
Cefais fy hun mewn gardd ddŵr o saith teras
I found myself in a watered garden of seven terraces
Plannwyd yr ardd gyda chwpanau twlip a blodau'r lleuad
The garden was planted with tulip-cups and moon-flowers
Mae ffynnon hongian yn awyr Dusky fel cyrs slim o grisial
a fountain hung in the dusky air like a slim reed of crystal
Roedd y coed cypreswydden fel ffaglau wedi'u llosgi allan

The cypress-trees were like burnt-out torches
O un o'r coed roedd eos yn canu
From one of the trees a nightingale was singing
Ar ddiwedd yr ardd safai pafiliwn bach
At the end of the garden stood a little pavilion
Wrth inni nesáu at y pafiliwn daeth dau eunuch allan
while we approached the pavilion two eunuchs came out
Siglodd eu cyrff braster wrth iddynt gerdded
Their fat bodies swayed as they walked
ac fe wnaethon nhw ddeffro'n rhyfedd arna i
and they glanced curiously at me
Tynnodd un ohonyn nhw o'r neilltu capten y gwarchodlu
One of them drew aside the captain of the guard
ac mewn llais isel y sibrydodd yr eunuch wrtho
and in a low voice the eunuch whispered to him
Roedd y llall yn cadw pastilles arogl
The other kept munching scented pastilles
Y rhain a dynnodd allan o flwch hirgrwn o Enamel Lilac
these he took out of an oval box of lilac enamel
yn fuan ar ôl i gapten y gwarchodlu ddiswyddo'r milwyr
soon after the captain of the guard dismissed the soldiers
Aeth y milwyr yn ôl i'r palas
The soldiers went back to the palace
dilynodd yr eunuchiaid y tu ôl i'r gwarchodlu, ond yn araf
the eunuchs followed behind the guards, but slowly
ac fe wnaethon nhw dynnu'r mwyar melys o'r coed
and they plucked the sweet mulberries from the trees
Ar un adeg, trodd yr eunuch hŷn o gwmpas
at one time the older eunuch turned round
ac efe a wêl arnaf gyda gwên ddrwg
and he smiled at me with an evil smile
Yna y cynigiodd capten y gwarchodwyr fi ymlaen
Then the captain of the guards motioned me forwards
Cerddais i'r fynedfa heb grynu
I walked to the entrance without trembling
Tynnais y llen trwm o'r neilltu, a mynd i mewn

I drew the heavy curtain aside, and entered
Ymestynnwyd yr Ymerawdwr ifanc ar soffa
The young Emperor was stretched on a couch
gorchuddiwyd y soffa mewn crwyn llew wedi'i liwio
the couch was covered in dyed lion skins
a daeth hebog ar ei arddwrn
and a falcon was perched upon his wrist
Y tu ôl iddo roedd Nubian pres turbaned
Behind him stood a brass-turbaned Nubian
Roedd yn noeth i lawr i'r waist
he was naked down to the waist
Roedd ganddo glustdlysau trwm yn ei glustiau hollt
he had heavy earrings in his split ears
Ar fwrdd wrth yr ochr lleyg scimitar cryf o ddur
On a table by the side lay a mighty scimitar of steel
Pan welodd yr Ymerawdwr fi gwgu
When the Emperor saw me he frowned
Gofynnodd imi, "Beth yw dy enw?"
he asked me, "What is thy name?"
Oni wyddoch chwi mai myfi yw Ymerawdwr y ddinas hon?
"Knowest thou not that I am Emperor of this city?"
Ond wnes i ddim ateb ei gwestiwn
But I made him no answer to his question
Tynnodd bwyntio gyda'i fys at y scimitar
He pointed with his finger at the scimitar
Cipiodd y Nubian y scimitar, yn barod i ymladd
the Nubian seized the scimitar, ready to fight
rhuthro ymlaen fe darodd arnaf gyda thrais mawr
rushing forward he struck at me with great violence
Roedd y llafn yn chwifio trwof ac ni wnaeth unrhyw niwed i mi
The blade whizzed through me and did me no hurt
Syrthiodd y dyn yn smwddio ar y llawr
The man fell sprawling on the floor
Pan gododd ei ddannedd sgwrsio â dychryn
when he rose up his teeth chattered with terror

ac efe a guddiodd y tu ôl i'r soffa
and he hid behind the couch
Neidiodd yr ymerawdwr i'w draed
The Emperor leapt to his feet
cymerodd lance o eisteddle a'i thaflu ataf
he took a lance from a stand and threw it at me
Fe'i daliais yn ei awyren
I caught it in its flight
Torrais y siafft yn ddau ddarn
I broke the shaft into two pieces
Yna saethodd ataf gyda saeth
then he shot at me with an arrow
ond gafaelais yn fy nwylo fel y daeth i mi
but I held up my hands as it came to me
a mi stopiais y saeth yng nghanol yr awyr
and I stopped the arrow in mid-air
Yna tynnodd dagger o wregys o ledr gwyn
Then he drew a dagger from a belt of white leather
ac fe drywanodd y Nubian yn y gwddf
and he stabbed the Nubian in the throat
fel na ddywedai'r caethwas am ei amarch
so that the the slave would not tell of his dishonour
Roedd y dyn yn gwingo fel neidr wedi'i sathru
The man writhed like a trampled snake
a ewyn coch yn swifio o'i wefusau
and a red foam bubbled from his lips
Cyn gynted ag y bu farw trodd yr Ymerawdwr ataf
As soon as he was dead the Emperor turned to me
cymerodd allan ychydig napcyn o sidan porffor
he took out a little napkin of purple silk
ac yr oedd wedi diferu'r chwys llachar o'i ael
and he had wiped away the bright sweat from his brow
Dywedodd wrthyf, "Ai proffwyd wyt ti?"
he said to me, "Art thou a prophet?"
"Efallai na fyddaf yn eich brifo?"
"is it that I may not harm thee?"

"Ai ti yw'r Mab y Proffwyd?"
"or are you the son of a prophet?"
"Ydw i'n methu gwneud niwed i ti?"
"and is it that can I do thee no hurt?"
"Dw i'n gweddïo dy fod ti'n gadael fy nhref heno."
"I pray thee leave my city tonight"
"Tra byddi yn fy ninas nid wyf mwyach yn arglwydd."
"while thou art in my city I am no longer its lord"
Y tro hwn atebais ei gwestiwn
And this time I answered his question
"Gadawaf hwy yn ddinas am hanner dy drysor."
"I will leave they city, for half of thy treasure"
"Rho hanner dy drysor i mi, a mi a af ymaith."
"Give me half of thy treasure and I will go away"
"Fe gymerodd fi gyda llaw a mynd â fi i'r ardd"
"He took me by the hand and led me into the garden"
"Pan welodd capten y gwarchodlu fi, fe ryfeddodd"
"When the captain of the guard saw me he wondered"
"Pan welodd yr eunuchiaid mi ysgydwodd eu gliniau"
"When the eunuchs saw me their knees shook"
'A syrthiasant ar lawr mewn ofn'
"and they fell upon the ground in fear"

Mae siambr arbennig yn y palas
There is a special chamber in the palace
Mae gan y siambr wyth wal o borffyri coch
the chamber has eight walls of red porphyry
ac mae ganddo nenfwd bras-raddfa hongian gyda lampau
and it has a brass-scaled ceiling hung with lamps
Cyffyrddodd yr Ymerawdwr ag un o'r waliau ac agorodd
The Emperor touched one of the walls and it opened
Fe wnaethon ni basio coridor i lawr a gafodd ei oleuo â llawer o ffaglau
we passed down a corridor that was lit with many torches
Mewn cilfachau ar bob ochr safodd jariau gwin gwych
In niches upon each side stood great wine-jars

Roedd y gwin-jariau yn cael eu llenwi i'r ymyl gyda darnau arian
the wine-jars were filled to the brim with silver pieces
Yn fuan fe gyrhaeddon ni ganol y coridor
soon we reached the centre of the corridor
Siaradodd yr Ymerawdwr y gair na ellir ei siarad
the Emperor spoke the word that may not be spoken
ddrws gwenithfaen yn troi yn ôl ar ffynnon gyfrinachol
a granite door swung back on a secret spring
Rhoddodd ei ddwylo o flaen ei wyneb
and he put his hands before his face
rhag iddo gael ei ddyrchafu
so that he would not be dazzled
Ni fyddech wedi credu pa mor wych oedd y lle
Thou would not have believed how marvellous a place it was
Roedd cregyn crwban enfawr yn llawn perlau
There were huge tortoise-shells full of pearls
ac yr oedd cerrig lleuad o faint mawr
and there were hollowed moonstones of great size
Roedd y cerrig lleuad wedi'u pentyrru â rhuddemau coch
the moonstones were piled up with red rubies
Storiwyd yr aur mewn coffrau o guddfan eliffant
The gold was stored in coffers of elephant-hide
ac yr oedd llwch aur mewn poteli lledr
and there was gold-dust in leather bottles
Roedd mwy o opals a saffir nag y gallwn eu cyfrif
There were more opals and sapphires than I could count
Cadwyd y llu o opalau mewn cwpanau o grisial
the many opals were kept in cups of crystal
A'r saffiriaid a gadwyd mewn cwpanau o Jade.
and the sapphires were kept in cups of jade
Trefnwyd emralltau gwyrdd crwn mewn trefn
Round green emeralds were arranged in order
Fe'u gosodwyd ar blatiau tenau o ifori
they were laid out upon thin plates of ivory
Mewn un cornel roedd bagiau sidan yn llawn o gerrig

turquoise-
in one corner were silk bags full of turquoise-stones
ac roedd bagiau eraill yn llawn beryls
and others bags were filled with beryls
Cafodd y cyrn ifori eu trywanu gydag amethysts porffor
The ivory horns were heaped with purple amethysts
A chyrn pres yn cael eu tocio â chalcedony a cherrig sard
and the horns of brass were heaped with chalcedony and sard stones
Mae'r pileri sy'n dal y nenfwd yn cael eu gwneud o cedrwydd
The pillars holding the ceiling were made of cedar
Fe'u crogwyd â llinynnau o lyncs melyn
they were hung with strings of yellow lynx-stones
Yn y tariannau hirgrwn fflat roedd carbuncles
In the flat oval shields there were carbuncles
Roeddent yn lliw gwin, ac yn lliwgar fel glaswellt
they were wine-coloured, and coloured like grass
Ac eto yr wyf wedi dweud wrthych ond ffracsiwn o'r hyn a oedd yno
And yet I have told thee but a fraction of what was there

Tynnodd yr ymerawdwr ei ddwylo oddi ar ei wyneb
The Emperor took away his hands from his face
Dywedodd wrthyf, "Dyma fy nhŷ i o drysor."
he said to me, "this is my house of treasure"
Mae hanner y pethau sydd yn y tŷ hwn yn eiddo i chi
half of what is in this house is thine
Mae hyn yn union fel yr wyf wedi addo i chi
this is as I promised to thee
A rhoddaf i ti gamelod a gyrwyr camelod
And I will give thee camels and camel drivers
a bydd y gyrwyr camel yn gwneud dy gais
and the camel drivers shall do thy bidding
Os gwelwch yn dda, cymryd eich cyfran o'r trysor
please, take thy share of the treasure

Ewch ag ef i ba ran bynnag o'r byd rydych chi ei eisiau
take it to whatever part of the world thou desirest
Ond bydd y peth yn cael ei wneud heno
But the thing shall be done tonight
Fel y gwyddoch, yr haul yw fy Nhad
because, as you know, the sun is my father
ni chaiff weled gŵr yn y ddinas na allaf ei ladd
he must not see a man in the city that I cannot slay
Ond atebais iddo, "Mae'r aur sydd yma yn eiddot ti."
But I answered him, "The gold that is here is thine"
"Ac mae'r arian sydd yma hefyd yn eiddo i ti."
"and the silver that is here also is thine"
"Ac eiddot ti yw'r tlysau gwerthfawr a'r opals."
"and thine are the precious jewels and opals"
"Fel i mi, does dim angen y trysorau hyn"
"As for me, I have no need of these treasures"
"Ni chymeraf ddim oddi wrthych"
"I shall not take anything from thee"
"Ond byddaf yn cymryd y fodrwy fach rydych chi'n ei gwisgo"
"but I will take the little ring that thou wearest"
"Mae ar fys dy law"
"it is on the finger of thy hand"
pan ddywedais hyn gwgu yr Ymerawdwr
when I said this the Emperor frowned
"Dim ond cylch o blwm ydyw," gwaeddodd
"It is but a ring of lead," he cried
"Nid oes gan gylch syml unrhyw werth i chi"
"a simple ring has no value for you"
Cymer dy hanner y trysor, a dos o fy ninas
"take thy half of the treasure and go from my city"
'Na,' meddwn innau, 'dyna beth rydw i eisiau'
"Nay" I answered, "it is what I want"
"Byddaf yn cymryd nought ond y cylch arweiniol hwnnw"
"I will take nought but that lead ring"
"Dw i'n gwybod beth sydd wedi'i ysgrifennu ynddo."

"for I know what is written within it"
"Rwy'n gwybod at ba bwrpas y mae"
"and I know for what purpose it is"
A'r Ymerawdwr yn crynu mewn ofn
And the Emperor trembled in fear
ymbiliodd â mi a dweud, "Cymer yr holl drysor."
he besought me and said, "Take all the treasure"
"Cymer yr holl drysor a dos o'm dinas"
"take all the treasure and go from my city"
"Bydd yr hanner sydd eiddof fi yn eiddo i chwithau hefyd."
"The half that is mine shall be thine also"

Ac yr wyf yn gwneud peth rhyfedd
And I did a strange thing
Ond nid yr hyn yr wyf yn ei wneud yn bwysig
but what I did matters not
oherwydd bod ogof sydd ond taith diwrnod oddi yma
because there is a cave that is but a day's journey from here
yn yr ogof honno yr wyf wedi cuddio modrwy cyfoeth
in that cave I have hidden the Ring of Riches
Yn yr ogof hon y cylch o gyfoeth yn aros am eich dyfodiad
in this cave the ring of riches waits for thy coming
Y mae'r sawl sydd â'r fodrwy hon yn gyfoethocach na holl frenhinoedd y byd
He who has this Ring is richer than all the kings of the world
Dewch i'w gymryd, a bydd cyfoeth y byd yn eiddo i chi
Come and take it, and the world's riches shall be thine
Ond roedd y pysgotwr ifanc yn chwerthin, "Y mae cariad yn well na chyfoeth"
But the young Fisherman laughed, "love is better than riches"
"Ac mae'r Mermaid bach yn fy ngharu," ychwanegodd
"and the little Mermaid loves me," he added
"Na, ond does dim byd gwell na chyfoeth," meddai'r Enaid
"Nay, but there is nothing better than riches," said the Soul
'Mae cariad yn well,' atebodd y pysgotwr ifanc
"Love is better," answered the young Fisherman

ac efe a drodd yn ôl i'r dyfroedd dyfnion
and he plunged back into the deep waters
a'r enaid a aeth wylo dros y corsydd
and the Soul went weeping away over the marshes

Ar ol y Drydedd Flwyddyn
After the Third Year

Roedd hi wedi bod yn dair blynedd ers iddo fwrw ei enaid i ffwrdd
it had been three year since he cast his soul away
daeth yr enaid yn ôl i lan y môr
the Soul came back to the shore of the sea
a'r Enaid yn galw ar y pysgotwr ifanc
and the Soul called to the young Fisherman
Y pysgotwr ifanc yn codi yn ôl o'r môr
the young Fisherman rose back out of the sea
Gofynnodd i'w enaid, "Pam yr wyt yn fy ngalw i?"
he asked his soul, "Why dost thou call me?"
A'r enaid a atebodd ac a ddywedodd, Tyred yn agosach.
And the Soul answered, "Come nearer"
"Tyrd yn nes atat er mwyn imi siarad â thi."
"come nearer, so that I may speak with thee"
'Rwyf wedi gweld pethau rhyfeddol'
"I have seen marvellous things"
Felly daeth y pysgotwr ifanc yn nes at ei enaid
So the young Fisherman came nearer to his soul
ac efe a soffa yn y dŵr bas
and he couched in the shallow water
a phwysodd ei ben ar ei law
and he leaned his head upon his hand
a gwrandawodd ar ei enaid
and he listened to his Soul
a'i enaid yn siarad ag ef
and his Soul spoke to him

Mewn dinas yr wyf yn gwybod am yno mae tafarn
In a city that I know of there is an inn
mae'r dafarn yr wyf yn siarad amdano yn sefyll wrth afon
the inn that I speak of stands by a river
yn y dafarn hon eisteddais ac yn meddwi gyda morwyr

in this inn I sat and drunk with sailors
morwyr oedd yn yfed dau win lliw gwahanol
sailors who drank two different coloured wines
ac maent yn bwyta bara wedi'i wneud o haidd
and they ate bread made of barley
ac yr wyf yn bwyta pysgod bach hallt gyda nhw
and I ate salty little fish with them
pysgod bach a wasanaethwyd mewn dail bae gyda finegr
little fish that were served in bay leaves with vinegar
Tra oeddem yn eistedd ac yn llawen, daeth hen ddyn i mewn
while we sat and made merry an old man entered
Roedd ganddo garped lledr gydag ef
he had a leather carpet with him
ac yr oedd ganddo liwt oedd a dau gorn o ambr
and he had a lute that had two horns of amber
Gosododd y carped ar y llawr
he laid out the carpet on the floor
ac fe darodd ar linynnau ei liwt
and he struck on the strings of his lute
A merch yn rhedeg i mewn a dechrau dawnsio o'n blaenau
and a girl ran in and began to dance in front of us
Roedd ei wyneb wedi'i orchuddio â gorchudd o rhwyllen
Her face was veiled with a veil of gauze
ac roedd hi'n gwisgo sidan, ond roedd ei thraed yn noeth
and she was wearing silk, but her feet were naked
a'i thraed yn symud dros y carped fel colomennod bach gwyn
and her feet moved over the carpet like little white pigeons
Nid wyf erioed wedi gweld unrhyw beth mor rhyfeddol
Never have I seen anything so marvellous
mae'r ddinas lle mae'n dawnsio ond taith diwrnod oddi yma
the city where she dances is but a day's journey from here
clywodd y pysgotwr ifanc eiriau ei enaid
the young Fisherman heard the words of his Soul
cofiodd nad oedd traed gan y Mermaid bach
he remembered that the little Mermaid had no feet

Ac mae'n cofio nad oedd hi'n gallu dawnsio
and he remembered she was unable to dance
Daeth awydd mawr drosto i weld y ferch
a great desire came over him to see the girl
Dywedodd wrtho'i hun, "Nid oes ond diwrnod o daith."
he said to himself, "It is but a day's journey"
"Ac yna gallaf ddychwelyd at fy nghariad," chwarddodd
"and then I can return to my love," he laughed
Safodd yn y dŵr bas
he stood up in the shallow water
ac efe a aeth i'r lan
and he strode towards the shore
Pan oedd wedi cyrraedd y lan sych fe chwarddodd eto
when he had reached the dry shore he laughed again
ac efe a estynnodd ei freichiau i'w enaid
and he held out his arms to his Soul
rhoddodd ei enaid lef fawr o lawenydd
his Soul gave a great cry of joy
Rhedodd ei enaid i gwrdd â'i gorff
his Soul ran to meet his body
a'i enaid ef drachefn a aeth i mewn yn ei erbyn ef drachefn.
and his Soul entered into back him again
daeth y Pysgotwr ifanc yn un gyda'i gysgod unwaith eto
the young Fisherman became one with his shadow once more
cysgod y corff sy'n gorff yr enaid
the shadow of the body that is the body of the Soul
A dywedodd ei enaid wrtho, "Gadewch inni beidio ag aros."
And his Soul said to him, "Let us not tarry"
"Gadewch i ni fynd ar unwaith"
"but let us get going at once"
'Y mae duwiau'r môr yn eiddigeddus'
"because the Sea-gods are jealous"
"Ac mae ganddyn nhw angenfilod sy'n gwneud eu cais"
"and they have monsters that do their bidding"
Felly dyma nhw'n brysio i gyrraedd y ddinas
So they made haste to get to the city

Pechod
Sin

noson honno buont yn teithio o dan y lleuad
all that night they journeyed beneath the moon
A thrannoeth aethant dan yr haul
and all the next day they journeyed beneath the sun
ar noson y dydd y daethant i ddinas
on the evening of the day they came to a city
gofynnodd y pysgotwr ifanc i'w enaid
the young Fisherman asked his Soul
"Ai dyma'r ddinas lle mae hi'n dawnsio?"
"Is this the city in which she dances?"
Ac atebodd ei enaid ef
And his Soul answered him
"Nid hon yw'r dref, ond un arall."
"It is not this city, but another"
"Gadewch i ni fynd i mewn i'r ddinas hon"
"Nevertheless, let us enter this city"
Felly dyma nhw'n mynd i mewn i'r ddinas ac yn cerdded trwy'r strydoedd.
So they entered the city and passed through the streets
aethant trwy heol gemyddion
they passed through the street of jewellers
pasio drwy'r stryd, gwelodd y pysgotwr ifanc gwpan arian
passing through the street, the young Fisherman saw a silver cup
A dywedodd ei enaid wrtho, Cymer y cwpan arian hwnnw.
his Soul said to him, "Take that silver cup"
a dywedodd ei enaid wrtho am guddio'r cwpan arian
and his Soul told him to hide the silver cup
Felly cymerodd y cwpan arian a'i guddio
So he took the silver cup and hid it
a hwy a aethant allan o'r ddinas ar frys.
and they went hurriedly out of the city
mae'r pysgotwr ifanc yn gwgu ac yn cipio'r cwpan i ffwrdd

the young Fisherman frowned and flung the cup away
Pam wnest ti ddweud wrtha i am gymryd y cwpan yma?"
"Why did'st thou tell me to take this cup?"
"Roedd yn beth drwg i'w wneud"
"it was an evil thing to do"
Ond mae ei enaid newydd ddweud wrtho i fod mewn heddwch
But his Soul just told him to be at peace

Ar noson yr ail ddiwrnod daethant i ddinas
on the evening of the second day they came to a city
gofynnodd y pysgotwr ifanc i'w enaid
the young Fisherman asked his Soul
"Ai dyma'r ddinas lle mae hi'n dawnsio?"
"Is this the city in which she dances?"
Ac atebodd ei enaid ef
And his Soul answered him
"Nid hon yw'r dref, ond un arall."
"It is not this city, but another"
"Gadewch i ni fynd i mewn i'r ddinas hon"
"Nevertheless, let us enter this city"
Felly aethant i mewn a mynd trwy'r strydoedd
So they entered in and passed through the streets
aethant trwy stryd gwerthwyr sandal
they passed through the street of sandal sellers
pasio drwy'r stryd, gwelodd y pysgotwr ifanc blentyn
passing through the street, the young Fisherman saw a child
Roedd y plentyn yn sefyll wrth jar o ddŵr
the child was standing by a jar of water
Gorchmynnodd ei enaid iddo daro'r plentyn
his Soul told him to smite the child
Felly trawodd y plentyn nes iddo wylo
So he smote the child till it wept
Wedi iddo wneud hyn, aethant allan o'r dref ar frys.
after he had done this they went hurriedly out of the city
tyfodd y Pysgotwr ifanc yn ddig gyda'i enaid

the young Fisherman grew angry with his soul
Pam wnest ti ddweud wrtha i am daro'r plentyn?"
"Why did'st thou tell me to smite the child?"
"Roedd yn beth drwg i'w wneud"
"it was an evil thing to do"
Ond mae ei enaid newydd ddweud wrtho i fod mewn heddwch
But his Soul just told him to be at peace

Ac ar noson y trydydd dydd daethant i ddinas
And on the evening of the third day they came to a city
gofynnodd y pysgotwr ifanc i'w enaid
the young Fisherman asked his Soul
"Ai dyma'r ddinas lle mae hi'n dawnsio?"
"Is this the city in which she dances?"
Ac atebodd ei enaid ef
And his Soul answered him
"Efallai mai hon yw'r ddinas, felly gadewch inni fynd i mewn."
"It may be that it is this city, so let us enter"
Felly dyma nhw'n mynd i mewn i'r ddinas ac yn cerdded trwy'r strydoedd.
So they entered the city and passed through the streets
ond ni allai'r pysgotwr ifanc ddod o hyd i'r afon
but nowhere could the young Fisherman find the river
ac ni allai ddod o hyd i'r dafarn chwaith
and he couldn't find the inn either
A phobl y ddinas a edrychasant arno yn rhyfedd
And the people of the city looked curiously at him
Ac efe a ofnodd, ac a ddeisyfodd ar ei enaid fyned ymaith.
and he grew afraid and asked his Soul to leave
"Dydy hi sy'n dawnsio gyda thraed wen ddim yma"
"she who dances with white feet is not here"
Ond atebodd ei enaid "Nai, ond gadewch inni orffwys"
But his Soul answered "Nay, but let us rest"
'Mae'r nos yn dywyll'

"because the night is dark"
"A bydd lladron ar y ffordd"
"and there will be robbers on the way"
Felly eisteddodd ei hun i lawr yn y farchnad, a gorffwysodd
So he sat himself down in the market-place and rested
Ar ôl amser cerddodd masnachwr cwfl heibio iddo
after a time a hooded merchant walked past him
roedd ganddo wisg o frethyn Tartary
he had a cloak of cloth of Tartary
ac efe a gludodd lusern o gorn tyllu
and he carried a lantern of pierced horn
gofynnodd y masnachwr i'r pysgotwr ifanc
the merchant asked the young Fisherman
"Pam wyt ti'n eistedd yn y farchnad?"
"Why dost thou sit in the market-place?"
"Mae'r bythau ar gau a'r byrnau yn corddio"
"the booths are closed and the bales corded"
Ac atebodd y pysgotwr ifanc ef
And the young Fisherman answered him
"Alla i ddim dod o hyd i lety yn y ddinas hon"
"I can find no inn in this city"
"Nid oes gennyf unrhyw berthnasau a allai roi cysgod i mi"
"I have no kinsman who might give me shelter"
"Onid ydyn ni i gyd yn frodyr?" meddai'r masnachwr
"Are we not all kinsmen?" said the merchant
Onid un Duw a'n gwnaeth ni?
"And did not one God make us?"
"Dewch gyda mi, oherwydd mae gen i ystafell westeion"
"come with me, for I have a guest-chamber"
Felly cododd y pysgotwr ifanc a dilyn y masnachwr
So the young Fisherman rose up and followed the merchant
Roedden nhw'n mynd trwy ardd o pomegranadau
they passed through a garden of pomegranates
ac aethant i mewn i dŷ'r masnachwr
and they entered into the house of the merchant
Daeth y masnachwr ag ef yn dŵr rhosyn mewn dysgl gopr

the merchant brought him rose-water in a copper dish
er mwyn iddo olchi ei ddwylo
so that he could wash his hands
a daeth ag ef yn Ripe Melons
and he brought him ripe melons
er mwyn iddo ddiffodd ei syched
so that he could quench his thirst
a rhoddodd iddo fowlen o reis
and he gave him a bowl of rice
Yn y bowlen o reis roedd cig oen wedi'i rostio
in the bowl of rice was roasted lamb
er mwyn iddo fodloni ei newyn
so that he could satisfy his hunger
Gorffennodd y Fischerman ifanc ei bryd bwyd
the young Fischerman finished his meal
a diolchodd i'r masnachwr am ei holl haelioni
and he thanked the merchant for all his generousity
Yna y masnachwr a'i dug ef i'r ystafell westeion
then the merchant led him to the guest-chamber
a'r masnachwr yn gadael iddo gysgu yn ei ystafell
and the merchant let him sleep in his chamber
rhoddodd y Pysgotwr ifanc ddiolch iddo eto
the young Fisherman gave him thanks again
ac efe a gusanodd y fodrwy oedd ar ei law
and he kissed the ring that was on his hand
Tynnodd ei hun i lawr ar garpedi gwallt geifr wedi'i liwio
he flung himself down on the carpets of dyed goat's-hair
Ac wrth dynnu'r blanced drosto'i hun syrthiodd i gysgu
And when pulled the blanket over himself he fell asleep

Roedd hi'n dair awr cyn y wawr
it was three hours before dawn
tra roedd hi'n dal i fod yn nos, ei enaid ddeffro
while it was still night his Soul woke him
Gorchmynnodd ei enaid iddo godi
his Soul told him to rise

"**Codwch a mynd i ystafell y masnachwr**"
"Rise up and go to the room of the merchant"
'**Mynd i'r ystafell lle mae'n cysgu**'
"go to the room in which he sleeps"
'**Ei ladd yn ei gwsg**'
"slay him in his sleep"
'**Cymryd ei aur oddi arno**'
"take his gold from him"
'**Oherwydd bod angen**'
"because we have need of it"
A chododd y pysgotwr ifanc i fyny
And the young Fisherman rose up
ac efe a gyfododd i ystafell y masnachwr
and he crept towards the room of the merchant
Roedd cleddyf crwm wrth draed y masnachwr
there was a curved sword at the feet of the merchant
ac roedd hambwrdd wrth ochr y masnachwr
and there was a tray by the side of the merchant
Roedd yr hambwrdd yn dal naw pwrs o aur
the tray held nine purses of gold
Ac efe a estynnodd ei law, ac a gyffyrddodd â'r cleddyf.
And he reached out his hand and touched the sword
a phan gyffyrddodd â'r cleddyf deffrodd y masnachwr
and when he touched the sword the merchant woke up
Neidiodd i fyny a gafael yn y cleddyf
he leapt up and seized the sword
"**A ydych yn dychwelyd drygioni am dda?**"
"Dost thou return evil for good?"
"**Ydych chi'n talu am dywallt gwaed?**"
"do you pay with the shedding of blood?"
"**yn gyfnewid am y caredigrwydd a ddangosais i ti**"
"in return for the kindness that I have shown thee"
A dywedodd ei Enaid wrth y pysgotwr ifanc, "Taro ef"
And his Soul said to the young Fisherman, "Strike him"
Ac efe a'i trawodd ef, fel y tyngodd efe
and he struck him so that he swooned

Cipiodd y naw bag aur
he seized the nine purses of gold
a ffodd ar frys trwy ardd pomgranadau
and he fled hastily through the garden of pomegranates
Ac efe a osododd ei wyneb at seren y bore
and he set his face to the star of morning
maent yn dianc o'r ddinas heb sylwi
they escaped the city without being noticed
y Pysgotwr ifanc yn curo ei fron
the young Fisherman beat his breast
Pam wnest ti ofyn i mi ladd y masnachwr?"
"Why didst thou bid me to slay the merchant?"
Pam wnaethoch chi i mi gymryd ei aur?"
"why did you make me take his gold?"
"Yn sicr, wyt ti'n ddrwg"
"Surely thou art evil"
Ond gorchmynnodd ei enaid iddo fod mewn heddwch
But his Soul told him to be at peace
'Na!' gwaeddodd y pysgotwr ifanc
"No!" cried the young Fisherman
"Ni allaf fod mewn heddwch â hyn"
"I can not be at peace with this"
"Yr hyn oll a wnaethost i mi ei gasáu"
"all that thou hast made me do I hate"
"A beth arall yr wyf yn ei gasáu yw chi"
"and what else I hate is you"
Pam yr ydych wedi dod â mi yma i wneud y pethau hyn?
"why have you brought me here to do these things?"
Ac atebodd ei enaid ef
And his Soul answered him
"Pan anfonaist fi i'r byd, ni roesoch ddim calon i mi."
"When you sent me into the world you gave me no heart"
"Felly dw i wedi dysgu gwneud yr holl bethau hyn."
"so I learned to do all these things"
"Dysgais i garu'r pethau hyn"
"and I learned to love these things"

"Beth wyt ti'n ddweud wyt ti?" murmur y pysgotwr ifanc
"What sayest thou?" murmured the young Fisherman
'Ti'n gwybod,' atebodd ei enaid
"Thou knowest," answered his Soul
"Wyt ti wedi anghofio na roddaist ti ddim calon i mi?"
"Have you forgotten that you gave me no heart?"
"Peidiwch â thrafferthu'ch hun i mi, ond byddwch heddychlon"
"don't trouble yourself for me, but be at peace"
"Oherwydd nad oes poen na ddylech ei ildio"
"because there is no pain you shouldn't give away"
"Ac nid oes unrhyw bleser na ddylech ei dderbyn"
"and there is no pleasure that you should not receive"
Pan glywodd y pysgotwr ifanc y geiriau hyn, dychrynodd
when the young Fisherman heard these words he trembled
"Na, ond rydych chi'n ddrwg"
"Nay, but thou art evil"
'Rwyt ti wedi gwneud i mi anghofio fy nghariad'
"you have made me forget my love"
"Rydych wedi fy nhemtio gyda temtasiynau"
"you have tempted me with temptations"
"Yr wyt wedi gosod fy nhraed yn ffyrdd pechod"
"and you have set my feet in the ways of sin"
Ac atebodd ei enaid ef
And his Soul answered him
"Wyt ti ddim wedi anghofio?"
"you have not forgotten?"
'Ti a'm hanfonodd i'r byd heb galon'
"you sent me into the world with no heart"
"Dewch, gadewch i ni fynd i ddinas arall"
"Come, let us go to another city"
"Gadewch i ni wneud yn llawen gyda'r aur sydd gennym"
"let us make merry with the gold we have"
Ond cymerodd y Pysgotwr ifanc y naw pwrs o aur
But the young Fisherman took the nine purses of gold
efe a ddaliodd y pyrsau aur i'r tywod

he flung the purses of gold into the sand
ac efe a sathrodd ar y pyrsiau o aur
and he trampled on the on the purses of gold
'Na!' gwaeddodd ar ei enaid
"Nay!" he cried to his Soul
"Dylwn i fod wedi ei wneud â thi"
"I will have nought to do with thee"
"Ni fyddaf yn teithio gyda chi mewn unrhyw le"
"I will not journey with thee anywhere"
"Dw i wedi dy anfon di i ffwrdd o'r blaen"
"I have sent thee away before"
'Fe'ch anfonaf eto'
"and I will send thee away again"
'am na ddaethoch â mi ddaioni'
"because thou hast brought me no good"
A throdd ei gefn i'r lleuad
And he turned his back to the moon
Cadwodd y gyllell fach werdd yn ei law
he held the little green knife in his hand
Ymdrechodd i dorri cysgod y corff o'i draed
he strove to cut from his feet the shadow of the body
cysgod y corff, sef corff yr enaid
the shadow of the body, which is the body of the Soul
Ac eto ni chynhyrfodd ei enaid oddi wrtho
Yet his Soul stirred not from him
ac ni wrandawodd ar ei orchymyn
and it paid no heed to his command
"The spell the witch told you avails no more"
"The spell the Witch told thee avails no more"
"Efallai na fyddaf yn eich gadael mwyach"
"I may not leave thee anymore"
'Allwch chi ddim fy ngyrru allan'
"and thou can't drive me forth"
"Unwaith yn ei fywyd efallai y bydd dyn yn anfon ei enaid i ffwrdd"
"Once in his life may a man send his Soul away"

ond y mae'r sawl sy'n derbyn ei enaid yn ôl i'w gadw am byth.
"but he who receives back his Soul must keep it for ever"
"Dyma ei ddedfryd a'i wobr"
"this is his punishment and his reward"
tyfodd y Pysgotwr ifanc yn welw wrth ei dynged
the young Fisherman grew pale at his fate
efe a glodd ei ddwylo, ac a waeddodd, ac a
and he clenched his hands and cried
"Roedd hi'n wrach ffug am beidio dweud wrtha i"
"She was a false Witch for not telling me"
"Nay," atebodd ei enaid, "nid oedd yn wrach ffug"
"Nay," answered his Soul, "she was not a false Witch"
"Ond roedd hi'n wir iddo fe addolodd"
"but she was true to Him she worships"
a bydd yn was iddo am byth."
"and she will be his servant forever"
roedd y Pysgotwr ifanc yn gwybod na allai gael gwared ar ei Enaid eto
the young Fisherman knew he could not get rid of his Soul again
gwyddai yn awr fod ei enaid yn enaid drwg
he knew now that his soul was an evil Soul
a byddai ei enaid yn aros gydag ef bob amser
and his Soul would abide with him always
A phan wybu efe hyn, efe a syrthiodd ar y ddaear, ac a wylodd.
when he knew this he fell upon the ground and wept

Y galon
The Heart

pan oedd hi'n ddydd cododd y pysgotwr ifanc
when it was day the young Fisherman rose up
Dywedodd wrth ei enaid, "Rhwymaf fy nwylo."
he told his Soul, "I will bind my hands"
"Y ffordd honno ni allaf wneud eich cais"
"that way I can not do thy bidding"
"Byddaf yn cau fy ngwefusau"
"and I will close my lips"
"Fel hyn ni allaf siarad eich geiriau"
"that way I can not speak thy words"
"A byddaf yn dychwelyd i'r man lle mae fy nghariad yn byw."
"and I will return to the place where my love lives"
"I'r môr y byddaf yn dychwelyd"
"to the sea will I return"
"Byddaf yn dychwelyd i'r man lle mae hi'n canu i mi"
"I will return to where she sung to me"
"Byddaf yn galw arni"
"and I will call to her"
"Dywedaf wrthi y drwg a wneuthum."
"I will tell her the evil I have done"
a mi a fynegaf iddi y drygioni a wnaethost i mi.
"and I will tell her the evil thou hast wrought on me"
Roedd ei enaid yn ei demtio, "Pwy ydy dy gariad?"
his Soul tempted him, "Who is thy love?"
Pam ddylech chi fynd yn ôl ato fe?"
"why should thou return to her?"
"Mae gan y byd lawer yn decach na hi"
"The world has many fairer than she is"
"Mae yna ferched sy'n dawnsio'r Samariaid"
"There are the dancing-girls of Samaris"
"Maen nhw'n dawnsio'r ffordd mae adar yn dawnsio"
"they dance the way birds dance"

"Maen nhw'n dawnsio'r ffordd mae anifeiliaid yn dawnsio"
"and they dance the way beasts dance"
"Mae eu traed wedi eu paentio gyda henna"
"Their feet are painted with henna"
"Yn eu dwylo mae ganddyn nhw glychau copr bach"
"in their hands they have little copper bells"
"Maen nhw'n chwerthin wrth iddyn nhw ddawnsio"
"They laugh while they dance"
"Mae eu chwerthin mor glir â chwerthin."
"their laughter is as clear as the laughter of water"
"Tyrd gyda mi, a mi a'u dangosaf i ti."
"Come with me and I will show them to thee"
"Pam trafferthu gyda phethau pechod?"
"because why trouble yourself with things of sin?"
"Onid yw'r hyn sy'n dda i'w fwyta yn cael ei fwyta?"
"Is that which is pleasant to eat not made to be eaten?"
"A oes gwenwyn yn yr hyn sy'n felys i'w yfed?"
"Is there poison in that which is sweet to drink?"
'Peidiwch â phoeni'ch hun, ond dewch gyda mi i ddinas arall'
"Trouble not thyself, but come with me to another city"
"Mae dinas fach gyda gardd o goed twlip"
"There is a little city with a garden of tulip-trees"
"Yn ei ardd mae peunod gwyn"
"in its garden there are white peacocks"
"Ac mae 'na peacocks sydd â bronnau glas"
"and there are peacocks that have blue breasts"
"Mae eu cynffonau fel disgiau o ifori"
"Their tails are like disks of ivory"
"pan fyddant yn gwasgaru eu cynffonau yn yr haul"
"when they spread their tails in the sun"
"Ac mae'r un sy'n eu bwydo yn dawnsio er eu pleser."
"And she who feeds them dances for their pleasure"
"Weithiau mae hi'n dawnsio ar ei dwylo"
"and sometimes she dances on her hands"
"Ac ar adegau eraill mae hi'n dawnsio gyda'i thraed"

"and at other times she dances with her feet"
"Mae ei lygaid yn lliwgar gyda stibium"
"Her eyes are coloured with stibium"
"Mae ei ffroenau wedi'u siapio fel adenydd llyncu"
"her nostrils are shaped like the wings of a swallow"
"Mae hi'n chwerthin wrth iddi ddawnsio"
"and she laughs while she dances"
"a'r modrwyau arian ar ei ffêr"
"and the silver rings on her ankles ring"
'Peidiwch â phoeni mwyach'
"Don't trouble thyself any more"
'Tyrd gyda mi i'r ddinas hon'
"come with me to this city"

Ond ni atebodd y pysgotwr ifanc ei enaid
But the young Fisherman did not answer his Soul
Caeodd ei wefusau gyda sêl distawrwydd
he closed his lips with the seal of silence
a rhwymodd ei ddwylo ei hun â llinyn tynn
and he bound his own hands with a tight cord
Ac efe a ddychwelodd i'r lle y daethai
and he journeyed back to from where he had come
Aeth yn ôl i'r bae bach
he journeyd back to the little bay
Ac efe a aeth i'r lle y canasai ei gariad drosto
and he journeyed to where his love had sung for him
Ceisiodd ei enaid ei demtio ar hyd y ffordd
His Soul tried to tempt him along the way
ond ni wnaeth ei enaid ateb
but he made his Soul no answer
ac ni wnaeth ddim o ddrygioni ei enaid
and he did none of his Soul's wickedness
mor fawr oedd nerth y cariad a oedd ynddo ef
so great was the power of the love that was within him
Pan gyrhaeddodd y lan fe ollyngodd y llinyn
when he reached the shore he loosened the cord

a chymryd sêl y distawrwydd o'i wefusau
and he took the seal of silence from his lips
galwodd allan i'r Mermaid bach
he called out to the little Mermaid
Ond wnaeth hi ddim ateb ei alwad hi
But she did not answer his call for her
Nid atebodd hi, er iddo alw trwy'r dydd
she did not answer, although he called all day
roedd ei enaid yn gwatwar y pysgotwr ifanc
his Soul mocked the young Fisherman
"Onid ydych yn cael fawr o lawenydd allan o'ch cariad"
"you have little joy out of thy love"
"Rydych chi'n tywallt dŵr i mewn i lestr wedi torri"
"you are pouring water into a broken vessel"
"Rydych chi wedi rhoi'r hyn oedd gennych chi"
"you have given away what you had"
"Ond does dim byd wedi cael ei roi i chi yn ôl."
"but nothing has been given to you in return"
"Byddai'n well petaech chi'n dod gyda mi"
"It would be better if you came with me"
"Dw i'n gwybod lle mae Dyffryn Pleser"
"because I know where the Valley of Pleasure lies"
Ond ni atebodd y pysgotwr ifanc ei enaid
But the young Fisherman did not answer his Soul

mewn hollt o'r graig adeiladodd dŷ iddo'i hun
in a cleft of the rock he built himself a house
ac arhosodd yno am flwyddyn
and he abode there for the space of a year
Bob bore roedd yn galw i'r Mermaid
every morning he called to the Mermaid
a phob hanner dydd yr oedd yn galw arni eto
and every noon he called to her again
Yn ystod y nos roedd yn siarad ei henw
and at night-time he spoke her name
ond ni chododd hi allan o'r môr i'w gyfarfod ef

but she never rose out of the sea to meet him
ac ni allai ddod o hyd iddi yn unrhyw le yn y môr
and he could not find her anywhere in the sea
Ceisiodd hi yn yr ogofâu
he sought for her in the caves
Ceisiodd hi yn y dŵr gwyrdd
he sought for her in the green water
Roedd yn chwilio amdani hi ym mhyllau'r llanw
he sought for her in the pools of the tide
a cheisiodd hi yn y ffynhonnau
and he sought for her in the wells
y ffynhonnau sydd ar waelod y dyfnder
the wells that are at the bottom of the deep
Ni roddodd ei enaid y gorau i'w demtio â drwg
his Soul didn't stop tempting him with evil
ac fe sibrydodd bethau ofnadwy iddo
and it whispered terrible things to him
ond ni allai ei enaid drechu yn ei erbyn
but his Soul could not prevail against him
Roedd nerth ei gariad yn rhy fawr
the power of his love was too great

ar ôl y flwyddyn oedd dros yr enaid yn meddwl o fewn ei hun
after the year was over the Soul thought within itself
"Yr wyf wedi temtio fy meistr â drwg"
"I have tempted my master with evil"
"Y mae ei gariad ef yn gryfach na mi"
"but his love is stronger than I am"
"Byddaf yn awr yn ei demtio â da"
"I will tempt him now with good"
'Efallai y bydd yn dod gyda mi'
"it may be that he will come with me"
Felly siaradodd â'r pysgotwr ifanc
So he spoke to the young Fisherman
"Yr wyf wedi dweud wrthych am lawenydd y byd"

"I have told thee of the joy of the world"
"Dych chi wedi troi clust fyddar ata i."
"and thou hast turned a deaf ear to me"
"Gadewch imi ddweud wrthyt ti am boen y byd"
"allow me to tell thee of the world's pain"
"Efallai y byddwch chi'n gwrando"
"and it may be that you will listen"
"Oherwydd mai poen yw Arglwydd y byd hwn."
"because pain is the Lord of this world"
'ac nid oes neb sy'n dianc o'i rhwyd'
"and there is no one who escapes from its net"
"Mae yna rai sydd â diffyg dillad"
"There be some who lack raiment"
'Ac mae yna rai eraill sydd heb fara'
"and there are others who lack bread"
"Y mae gweddwon yn eistedd mewn porffor"
"There are widows who sit in purple"
"Ac y mae gweddwon sy'n eistedd mewn clytiau
"and there are widows who sit in rags"
"Mae'r cardotwyr yn mynd i fyny ac i lawr ar y ffyrdd"
"The beggars go up and down on the roads"
"Ac mae pocedi'r beggars yn wag"
"and the pockets of the beggars are empty"
"Trwy strydoedd y dinasoedd yn cerdded newyn"
"Through the streets of the cities walks famine"
a'r pla yn eistedd wrth eu pyrth"
"and the plague sits at their gates"
Dewch, gadewch inni fynd allan a thrin y pethau hyn. "
"Come, let us go forth and mend these things"
"Gadewch i ni wneud y pethau hyn yn wahanol"
"let us make these things be different"
Pam y dylech chi aros yma yn galw ar eich cariad?
"why should you wait here calling to thy love?"
"Ni fydd yn dod at eich galwad"
"she will not come to your call"
"Beth yw cariad?"

"And what is love?"
"A pham wyt ti'n ei werthfawrogi mor uchel?"
"And why do you value it so highly?"
Ond wnaeth y pysgotwr ifanc ddim ateb ei Enaid
But the young Fisherman didn't answer his Soul
Mor fawr oedd nerth ei gariad
so great was the power of his love
A phob bore galwodd at y Mermaid
And every morning he called to the Mermaid
a phob hanner dydd yr oedd yn galw arni eto
and every noon he called to her again
Yn ystod y nos roedd yn siarad ei henw
and at night-time he spoke her name
Ond ni chododd hi erioed o'r môr i'w gyfarfod
Yet never did she rise out of the sea to meet him
ac mewn unrhyw le o'r môr, gallai ddod o hyd iddi
nor in any place of the sea could he find her
Er iddo chwilio amdani yn afonydd y môr
though he sought for her in the rivers of the sea
ac yn y cymoedd sydd dan y tonnau
and in the valleys that are under the waves
yn y môr y mae'r nos yn ei wneud porffor
in the sea that the night makes purple
ac yn y môr y mae'r wawr yn gadael llwyd
and in the sea that the dawn leaves grey

ar ôl yr ail flwyddyn wedi dod i ben
after the second year was over
Siaradodd yr enaid â'r pysgotwr ifanc yn ystod y nos
the Soul spoke to the young Fisherman at night-time
tra roedd yn eistedd yn y tŷ watled yn unig
while he sat in the wattled house alone
"Yr wyf wedi dy demtio â drwg"
"I have tempted thee with evil"
"Dw i wedi dy demtio di yn dda."
"and I have tempted thee with good"

"Y mae dy gariad di'n gryfach na mi."
"and thy love is stronger than I am"
"Ni fyddaf yn eich temtio mwyach"
"I will tempt thee no longer"
"Ond os gwelwch yn dda, gadewch imi fynd i mewn i'ch calon"
"but please, allow me to enter thy heart"
"er mwyn i mi fod yn un gyda thi, fel o'r blaen."
"so that I may be one with thee, as before"
"Efallai y byddwch chi'n mynd i mewn," meddai'r pysgotwr ifanc
"thou mayest enter," said the young Fisherman
"Oherwydd pan nad oedd gennych galon mae'n rhaid eich bod wedi dioddef."
"because when you had no heart you must have suffered"
'Och!' gwaeddodd ei enaid
"Alas!" cried his Soul
"Dw i ddim yn gallu dod o hyd i le i fynediad"
"I can find no place of entrance"
"Felly gyda chariad y mae'r galon hon yn eich plith chwi."
"so compassed about with love is this heart of thine"
'Rwy'n dymuno y gallwn eich helpu chi,' meddai'r pysgotwr ifanc
"I wish that I could help thee," said the young Fisherman
Tra oedd yn siarad daeth gwaedd fawr o alaru o'r môr
while he spoke there came a great cry of mourning from the sea
y gri y mae dynion yn ei chlywed pan fydd un o werinwyr y Môr wedi marw
the cry that men hear when one of the Sea-folk is dead
neidiodd y pysgotwr ifanc i fyny a gadael ei dŷ
the young Fisherman leapt up and left his house
a rhedodd i lawr i'r lan
and he ran down to the shore
Daeth y tonnau duon yn brysio i'r lan
the black waves came hurrying to the shore

Roedd y tonnau'n cario baich oedd yn wynnach nag arian
the waves carried a burden that was whiter than silver
Roedd mor wyn â'r syrffio
it was as white as the surf
ac fe daflodd ar y tonnau fel blodyn
and it tossed on the waves like a flower
A'r syrth yn ei gymryd o'r tonnau
And the surf took it from the waves
a'r ewyn yn ei gymryd o'r syrffio
and the foam took it from the surf
a'r lan a'i derbyniodd
and the shore received it
gorwedd wrth ei draed oedd corff y Mermaid bach
lying at his feet was the body of the little Mermaid
Roedd hi'n gorwedd yn farw wrth ei draed
She was lying dead at his feet
Safodd wrth ei hochr ac wylo
he flung himself beside her, and wept
cusanu coch oer ei geg
he kissed the cold red of her mouth
ac fe drawodd ambr gwlyb ei gwallt
and he stroked the wet amber of her hair
wylodd fel petai rhywun yn crynu â llawenydd
he wept like someone trembling with joy
yn ei freichiau brown fe'i daliwyd hi i'w fron
in his brown arms he held her to his breast
Oer oedd y gwefusau, ac eto fe gusanodd hwy
Cold were the lips, yet he kissed them
Sali oedd mêl ei gwallt
salty was the honey of her hair
Ac eto roedd yn ei flasu â llawenydd chwerw
yet he tasted it with a bitter joy
Cusanodd ei hamrannau caeedig
He kissed her closed eyelids
yr oedd y chwistrell wyllt oedd yn gorwedd arni yn llai hallt na'i ddagrau

the wild spray that lay upon her was less salty than his tears
I'r môr-forwyn fach farw gwnaeth gyffes
to the dead little mermaid he made a confession
I gragen ei chlustiau tywalltodd win caled ei stori
Into the shells of her ears he poured the harsh wine of his tale
Rhoddodd y dwylo bach rownd ei wddf
He put the little hands round his neck
a chyda'i fysedd cyffyrddodd â chorsen denau ei gwddf
and with his fingers he touched the thin reed of her throat
Yr oedd ei lawenydd yn chwerw ac yn ddwfn.
his joy was bitter and deep
a'i boen yn llawn llawenydd rhyfedd
and his pain was full of a strange gladness
Daeth y môr du'n agosach
The black sea came nearer
a'r ewyn gwyn yn moli fel gwahanglwyfus
and the white foam moaned like a leper
gafaelodd y môr ar y lan gyda'i grafangau gwyn o ewyn
the sea grabbed at the shore with its white claws of foam
O balas y môr-frenin, daeth gwaedd galar eto
From the palace of the Sea-King came the cry of mourning again
Ymhell ar y môr y gellid clywed y Tritons mawr
far out upon the sea the great Tritons could be heard
Chwython nhw'n uchel ar eu cyrn
they blew hoarsely upon their horns
'Ffowch i ffwrdd,' meddai ei enaid
"Flee away," said his Soul
"Os daw'r môr yn nes bydd yn eich lladd."
"if the sea comes nearer it will slay thee"
"Gadewch inni adael, oherwydd mae arnaf ofn"
"please, let us leave, for I am afraid"
am fod dy galon wedi ei chau yn f'erbyn."
"because thy heart is closed against me"
"O fawredd dy gariad yr wyf yn erfyn arnat ti
"out of the greatness of thy love I beg you

'Symud i le diogel'
"flee away to a place of safety"
"Ydych chi'n siŵr na fyddech chi'n gwneud hyn i mi eto?"
"Surely you would not do this to me again?"
"Peidiwch â'm hanfon i fyd arall heb galon."
"do not send me into another world without a heart"
nid oedd y pysgotwr ifanc yn gwrando ar ei enaid
the young Fisherman did not listen to his Soul
ond mae'n pefrio i'r Mermaid bach
but he spole to the little Mermaid
Dywedodd, "Y mae cariad yn well na doethineb."
and he said, "Love is better than wisdom"
'Y mae cariad yn fwy gwerthfawr na chyfoeth'
"love is more precious than riches"
"Cariad tecach na thraed merched dynion"
"love fairer than the feet of the daughters of men"
"Ni all tanau'r byd ddinistrio cariad"
"The fires of the world cannot destroy love"
'Ni all dyfroedd y môr ddiffodd cariad'
"the waters of the sea cannot quench love"
"Galwais arnat yn y bore"
"I called on thee at dawn"
"Ac ni ddaethost ti at fy ngalwad"
"and thou didst not come to my call"
"Y lleuad a glywodd dy enw"
"The moon heard thy name"
"Ond nid yw'r lleuad yn fy ateb"
"but the moon didn't answer me"
"Gadewais di er mwyn gwneud drwg"
"I left thee in order to do evil"
"Rydw i wedi dioddef am yr hyn rydw i wedi'i wneud"
"and I have suffered for what I've done"
"Ond nid yw fy nghariad atoch erioed wedi fy ngadael"
"but my love for you has never left me"
"Roedd fy nghariad bob amser yn gryf"
"and my love was always strong"

'Dim byd yn drech na fy nghariad'
"nothing prevailed against my love"
'Er fy mod wedi edrych ar ddrwg'
"though I have looked upon evil"
"Dw i wedi edrych yn dda"
"and I have looked upon good"
"A nawr dy fod wedi marw, byddaf finnau farw gyda thi hefyd."
"now that thou are dead, I will also die with thee"
Roedd ei enaid yn erfyn arno i adael
his Soul begged him to depart
Ond ni fyddai'n gadael, mor fawr oedd ei gariad
but he would not leave, so great was his love
Daeth y môr yn nes at y lan
the sea came nearer to the shore
a'r môr yn ceisio ei orchuddio â'i donnau
and the sea sought to cover him with its waves
gwyddai'r pysgotwr ifanc fod y diwedd wrth law
the young Fisherman knew that the end was at hand
cusanu gwefusau oer y môr-forwyn
he kissed the cold lips of the Mermaid
a'r galon a oedd ynddo ef yn torri
and the heart that was within him broke
o gyflawnder ei gariad torrodd ei galon
from the fullness of his love his heart did break
daeth yr enaid o hyd i fynedfa, a mynd i mewn i'w galon
the Soul found an entrance, and entered his heart
Roedd ei enaid yn un gydag ef, yn union fel o'r blaen
his Soul was one with him, just like before
Ac roedd y môr yn gorchuddio'r pysgotwr ifanc â'i donnau
And the sea covered the young Fisherman with its waves

Bendithion
Blessings

Yn y bore aeth yr offeiriad allan i fendithio'r môr.
in the morning the Priest went forth to bless the sea
oherwydd yr oedd yr offeiriad wedi cynhyrfu'r noson honno
because the Priest had been troubled that night
Aeth y mynachod a'r cerddorion gydag ef
the monks and the musicians went with him
A daeth y canhwyll-gludwyr hefyd gyda'r Offeiriad
and the candle-bearers came with the Priest too
a daeth swingwyr y thuserau gyda'r offeiriad
and the swingers of censers came with the Priest
a chwmni mawr o bobl yn ei ddilyn
and a great company of people followed him
pan gyrhaeddodd yr offeiriad i'r lan gwelodd y pysgotwr ifanc
when the Priest reached the shore he saw the young Fisherman
Roedd yn gorwedd yn boddi yn y syrth
he was lying drowned in the surf
wedi'i orchuddio yn ei freichiau oedd corff y Mermaid bach
clasped in his arms was the body of the little Mermaid
A'r Offeiriad yn tynnu yn ôl yn frowning
And the Priest drew back frowning
Gwnaeth arwydd y groes ac ebychodd yn uchel:
he made the sign of the cross and exclaimed aloud:
"Ni fyddaf yn bendithio'r môr, nac unrhyw beth sydd ynddo."
"I will not bless the sea, nor anything that is in it"
"Melltigedig fyddo'r môr-werin a'r rhai sy'n masnachu gyda nhw"
"Accursed be the Sea-folk and those who traffic with them"
"Ac fel ar gyfer y pysgotwr ifanc;"
"And as for the young Fisherman;"
"Fe wrthododd Duw er mwyn cariad"

"he forsook God for the sake of love"
"Ac yn awr y mae'n gorwedd yma gyda'i gariad"
"and now he lays here with his lover"
"Cafodd ei ladd gan farn Duw"
"he was slain by God's judgement"
"Cymer ei gorff a chorff ei gariad"
"take up his body and the body of his lover"
'Eu claddu yng nghornel y cae'
"bury them in the corner of the Field"
"Peidiwch â gadael i unrhyw arwydd pam y cawsant eu gosod uwch eu pennau"
"let no mark of why they were be set above them"
"Peidiwch â rhoi unrhyw arwydd o unrhyw fath iddyn nhw"
"don't give them any sign of any kind"
'Ni chaiff neb wybod lle eu gorffwysfa'
"none shall know the place of their resting"
"Oherwydd eu bod wedi eu melltithio yn eu bywydau"
"because they were accursed in their lives"
"A byddant yn cael eu melltithio yn eu marwolaethau"
"and they shall be accursed in their deaths"
A gwnaeth y bobl fel y gorchmynasai efe iddynt.
And the people did as he commanded them
yng nghornel y cae lle nad oedd perlysiau melys yn tyfu
in the corner of the field where no sweet herbs grew
Fe wnaethant gloddio pwll dwfn ar gyfer eu beddau
they dug a deep pit for their graves
A hwy a osodasant y pethau meirwon o fewn y pydew
and they laid the dead things within the pit

Pan ddaeth y drydedd flwyddyn i ben
when the third year was over
ar ddiwrnod sanctaidd
on a day that was a holy day
Aeth yr offeiriad i fyny i'r capel
the Priest went up to the chapel
Aeth i ddangos i'r bobl glwyfau'r ARGLWYDD

he went to show the people the wounds of the Lord
Ac efe a lefarodd wrthynt am ddigofaint Duw,
and he spoke to them about the wrath of God
Plygodd ei hun o flaen yr allor
he bowed himself before the altar
gwelodd fod yr allor wedi ei gorchuddio â blodau rhyfedd
he saw the altar was covered with strange flowers
blodau nad oedd erioed wedi'u gweld o'r blaen
flowers that he had never seen before
Roeddent yn rhyfedd i edrych ar
they were strange to look at
ond roedd ganddyn nhw harddwch caredig diddorol
but they had an interesting kind beauty
Roedd eu harddwch yn ei boeni mewn ffordd ryfedd
their beauty troubled him in a strange way
roedd eu harogl yn felys yn ei ffroenau
their odour was sweet in his nostrils
Roedd yn teimlo'n hapus, ond nid oedd yn deall pam
he felt glad, but he did not understand why
Dechreuodd siarad â'r bobl
he began to speak to the people
Roedd eisiau siarad â nhw am ddigofaint Duw
he wanted to speak to them about the wrath of God
Ond roedd harddwch y blodau gwyn yn ei boeni
but the beauty of the white flowers troubled him
a'u harogl yn felys yn ei ffroenau
and their odour was sweet in his nostrils
A daeth gair arall ar ei wefus
and another word came onto his lip
Nid oedd yn siarad am ddigofaint Duw
he did not speak about the wrath of God
Ond efe a lefarodd am Dduw a'i enw ef yw cariad.
but he spoke of the God whose name is Love
Nid oedd yn gwybod pam ei fod yn siarad am hyn
he did not know why he spoke of this
Wedi iddo orffen wylodd y bobl

when he had finished the people wept
Aeth yr offeiriad yn ôl i'r gysegrfa
the Priest went back to the sacristy
a'i lygaid hefyd yn llawn dagrau
and his eyes too were full of tears
Daeth y diaconiaid i mewn a dechrau ei ddiorseddu
the deacons came in and began to unrobe him
Ac efe a safodd fel pe bai mewn breuddwyd
And he stood as if he was in a dream
"Beth yw'r blodau sy'n sefyll ar yr allor?"
"What are the flowers that stand on the altar?"
"O ble'r oedden nhw'n dod?"
"where did they come from?"
A dyma nhw'n ei ateb
And they answered him
"Pa flodau ydyn nhw na allwn ni eu dweud"
"What flowers they are we cannot tell"
"Ond maen nhw'n dod o gornel y cae"
"but they come from the corner of the field"
Roedd yr offeiriad yn ofni'r hyn a glywodd
the Priest trembled at what he heard
Ac efe a ddychwelodd i'w dŷ ei hun, ac a weddïodd
and he returned to his house and prayed

yn y bore, tra roedd hi'n dal yn gwawr
in the morning, while it was still dawn
Aeth yr offeiriad allan gyda'r mynachod
the priest went forth with the monks
Aeth allan gyda'r cerddorion
he went forth with the musicians
y canhwyll-cludwyr a'r siglwyr o censers
the candle-bearers and the swingers of censers
Ac roedd ganddo gwmni mawr o bobl
and he had a great company of people
a daeth i lan y môr
and he came to the shore of the sea

Dangosodd iddynt sut y bendithiodd y môr
he showed them how he blessed the sea
Ac efe a fendithiodd yr holl bethau gwyllt sydd ynddo,
and he blessed all the wild things that are in it
Mae hefyd yn bendithio'r fauns
he also blessed the fauns
Ac efe a fendithiodd y pethau bychain sydd yn dawnsio yn y goedwig
and he blessed the little things that dance in the woodland
ac efe a fendithiodd y pethau llachar sy'n cyfoed drwy'r dail
and he blessed the bright-eyed things that peer through the leaves
efe a fendithiodd yr holl bethau ym myd Duw
he blessed all the things in God's world
a'r bobl yn llawn llawenydd a rhyfeddod
and the people were filled with joy and wonder
ond ni thyfodd blodau byth eto yng nghornel y maes
but flowers never grew again in the corner of the field
a daeth y môr-werin byth i'r bae eto
and the Sea-folk never came into the bay again
am eu bod wedi mynd i ran arall o'r môr
because they had gone to another part of the sea

Y diwedd
The End

www.ingramcontent.com/pod-product-compliance
Lightning Source LLC
Chambersburg PA
CBHW011952090526
44591CB00020B/2740